FICHA CATALOGRÁFICA
(Preparada na Editora)

Capalbo, Elly da Costa, 1942-
C23b   Bianca, Clara, Karina – Um só caminho / Elly da Costa Capalbo,
Marcelo Luís Occhiutto. Araras, SP, 1ª edição, IDE, 2014.
256 p.
ISBN 978-85-7341-636-7
1. Romance. 2. Espiritismo. I. Occhiutto, Marcelo Luís,
1966- II. Título.

CDD -869.935
-133.9

Índices para catálogo sistemático:

1. Romance: Século 20: Literatura brasileira 869.935
2. Espiritismo 133.9

Bianca, Clara, Karina

Um só caminho

ISBN 978-85-7341-636-7
1ª edição outubro/2014

Copyright © 2014,
Instituto de Difusão Espírita - IDE

Conselho Editorial:
Hércio Marcos Cintra Arantes
Doralice Scanavini Volk
Wilson Frungilo Júnior

Projeto Editorial:
Jairo Lorenzeti

Revisão de texto:
Mariana Frungilo

Capa:
César França de Oliveira

Projeto gráfico e diagramação:
Capítulo Sete

INSTITUTO DE DIFUSÃO ESPÍRITA - IDE
Av. Otto Barreto, 1067 - Cx. Postal 110
CEP 13600-970 - Araras/SP - Brasil
Fone (19) 3543-2400
CNPJ 44.220.101/0001-43
Inscrição Estadual 182.010.405.118

www.ideeditora.com.br
editorial@ideeditora.com.br

Todos os direitos reservados. Nenhuma parte desta publicação pode ser reproduzida, armazenada ou transmitida, total ou parcialmente, por quaisquer métodos ou processos, sem autorização do detentor do copyright.

Bianca, Clara, Karina

Um só caminho

Elly da Costa Capalbo
Marcelo Luís Occhiutto

ide

Sumário

Ao Leitor 9

Parte um

Capítulo 1 - Bianca 13

Capítulo 2 - Carlo 25

Capítulo 3 - O duelo 37

Capítulo 4 - A criança 47

Capítulo 5 - O retorno 59

Capítulo 6 - A decadência 73

Capítulo 7 - Colette 79

Parte dois

Capítulo 1 - Em terras brasileiras 115

Capítulo 2 - Os novos escravos 129

Capítulo 3 - A primeira noite na senzala 133

Capítulo 4 - A primeira manhã de uma família maior de escravos 137

Capítulo 5 - A verdade 143

Capítulo 6 - A fuga do coronel 147

Capítulo 7 - Nasce uma nova Santa Clara 151

Capítulo 8 - Um breve período de paz 155

Capítulo 9 - A partida da benfeitora 159

Capítulo 10 - Clara no comando 169

Capítulo 11 - Um coração enclausurado 175

Capítulo 12 - A tristeza de resistir ao Amor 183

Capítulo 13 - Reencontro de três corações 193

Capítulo 14 - O mais belo dos abraços 199

Capítulo 15 - A volta 203

Parte três

Capítulo Especial - A bondade da justiça divina 209

Parte quatro

Capítulo 1 - O reencontro 217

Capítulo 2 - Laços reatados 227

Capítulo 3 - O eterno benfeitor 237

Capítulo 4 - O recado 243

Epílogo 249

Ao Leitor

Este livro foi escrito a "quatro mãos".

As destras de Elly e Marcelo redigiram as palavras, ou melhor, permitiram que o presente a eles oferecido, de conhecerem a história de Bianca, Clara, Karina, se tornasse manuscrito.

Porém, não haveria nada mais do que palavras simples e desconexas se não fossem as outras duas mãos de luz, que os conduziram, que os guiaram, que se juntaram às outras duas mãos vacilantes para fortalecer e motivar, até o momento do término desta obra.

Portanto, o nome mais correto a ser dado ao autor deveria ser "Mally". Mally que significa – e significará para sempre – a comunhão superior entre Elly, Marcelo e esse Anjo Bom, que se faz anônimo, como é comum entre os seres destituídos das vaidades humanas, mas que vivem para espargir a Paz e o Bem.

Indubitavelmente, todas as falhas e imperfeições, que estas páginas puderem conter, são fruto das duas primeiras mãos que aprendem agora seus primeiros rabiscos.

As outras duas, que nos abençoaram a cada passo, são daquele que vem representando a bondade de Deus, o mesmo Pai que quer que todos nós nos aproximemos da Verdade, para que possamos transformar os espinhos da nossa senda evolutiva nas flores divinas de nossa redenção.

Parte um

Capítulo 1

Bianca

NORTE DA ITÁLIA, transcorria a primavera do ano de 1590.

A propriedade do Conde Enrico Monti erguia-se, com soberba imponência, sobre os vales verdejantes, nos quais faias e castanheiros, abetos e álamos intercalavam-se com flores do campo de todos os matizes, completando a beleza do lugar, onde qualquer pintor teria uma fonte primorosa de inspiração.

O castelo possuía três andares, mais o sótão e uma parte lateral arredondada terminada em cone; suas paredes eram de um cinza-claro, e o teto, na forma de trapézio, de um cinza-escuro. Toda a propriedade era circundada por um maravilhoso jardim, extremamente bem cuidado em suas flores, árvores e sebes.

Nesse ambiente, viviam o Conde e seus três filhos: Carlo, Fábio e Bruno.

O Conde era o personagem mais poderoso da região, possuindo fabulosa fortuna, advinda dos vinhedos que cultivava e dos vinhos que produzia.

Empregava diversos camponeses em regime de quase escravatura; contabilizava emoções e sentimentos na razão direta do lucro que poderia obter.

Bem longe da propriedade, erguiam-se as pequenas e pobres casinhas dos camponeses.

Em uma delas vivia Bianca, sua mãe Juliana e o padastro Vicenzo. Juliana perdera o marido, pai de Bianca, na epidemia da peste negra quando a menina ainda era pequena.

Aquela pequena casa era o exemplo do contraste da vida de nobres e camponeses. Tão pequena, mal comportava os seus três moradores. Apesar de extremamente limpa e com tudo na mais perfeita ordem, era de uma grande pobreza: um fogão a lenha, uma mesa de madeira rústica feita de tronco de árvore, um banco da mesma madeira, uma cortina de algodão, que separava a cozinha de um pequeno cômodo, também dividido em dois por outra cortina, tendo de um lado a cama do casal e do outro a cama de Bianca.

Juliana casara-se, em segundo matrimônio, com Vicenzo, homem rude, mas de princípios rígidos, que trabalhava para o Conde Enrico em suas plantações.

Em uma manhã agradável, tendo como música de fundo os passarinhos irrequietos, dormia a jovem Bianca em uma cama simples, que tinha ao lado o criado-mudo adornado pelas margaridas colhidas no dia anterior, em um de seus passeios vespertinos. De repente, Bianca acordou sobressaltada com a voz de sua mãe:

– Bianca, venha ajudar-me; acorde, menina.

– Já vou, mama.

A jovem de quinze anos, cabelos dourados, com belíssimos olhos verdes, sonhava, como sempre, com o príncipe encantado. Ao ouvir o chamado, a jovenzinha correu ao encontro da mãe, que recolhia a roupa seca do varal.

– Quantas vezes devo falar que a vida, filha, não é um sonho; é real, e a realidade nada tem de bonita. Sua cabeça vive cheia de sonhos, e você poderá ser muito infeliz se não ouvir sua mãe.

– Mama, não serei infeliz, minha vida será diferente da sua. Encontrarei um lindo moço, rico, que me amará profundamente. Casaremos e seremos felizes por toda a vida.

– Minha filha – respondeu-lhe a genitora –, fico muito preocupada com você. Tenho medo do que poderá lhe acontecer se continuar tendo essas ideias. Os pobres nunca têm oportunidades junto àqueles que são ricos e poderosos.

Bianca, sorrindo, começou a cantarolar; recolheu as roupas e saiu sem prestar atenção às preocupações de sua mãe.

Vivia sempre a divagar, com a certeza de que sua vida seria bela e feliz.

Seu passeio preferido era andar e correr pelos jardins coloridos, sempre sonhando o mesmo sonho romântico: amar, ser amada, casar e ser feliz.

Em uma planície, próxima dali, bem própria à equitação, cavalgava Bruno, filho mais novo do Conde Enrico Monti, um jovem no vigor de seus vinte anos, alto, de físico esbelto, com cabelos lisos e loiros, olhos azuis quase cinzas, testa larga, que dava ao seu rosto um ar de inteligência e vivacidade. Exímio cavaleiro, tinha na companhia da amplidão dos campos e de sua mente sonhadora o material próprio para o exercício de seu romantismo incorrigível.

Galopava por horas a fio, como se sua princesa encantada, a quem queria entregar o coração, viesse ao seu encontro, sobre outro cavalo, a qualquer momento.

Certa tarde, de temperatura morna e amena, em seu cavalgar costumeiro, deparou-se com Bianca, sentada no meio de um canteiro de margaridas.

A beleza ímpar da jovem fez com que seu coração disparasse.

– Boa tarde, senhorita. Interrompo seus pensamentos? Posso sentar-me ao seu lado?

– Por certo – respondeu a jovem, enrubescendo.

– Meu nome é Bruno, e o seu?

– Chamo-me Bianca.

– Um lindo nome! Combina com sua beleza!

Bianca sorriu, ficando cativada pela simplicidade com que o jovem se apresentou. Percebeu, pelo trajar, tratar-se de pessoa de posses e permitiu a continuidade do diálogo, já que se preservava do convívio com outros camponeses, aguardando seu moço ideal.

Entabularam longa conversa, na qual os mais variados assuntos foram lembrados, como se há muito tempo se conhecessem.

Bianca reparou que o moço nada tinha em comum com os jovens camponeses que conhecia. As mãos rudes dos rapazes, seus vizinhos, calejadas pelo trabalho na lavoura, contrastavam com as delicadas mãos que agora observava.

Bruno não lhe disse, de imediato, tratar-se de um Monti, para não assustar a jovem.

Esses encontros amigáveis e prazerosos repetiam-se todas as tardes, ocasião em que os dois jovenzinhos davam vazão a toda imensa quantidade de devaneios que suas personalidades tinham em comum. Fosse sobre música ou a beleza das flores, sobre bailes ou festas, abriam seus corações um para o outro.

Bruno, por diversas vezes, levava livros de poesias e lia para Bianca, deixando-a extasiada com a beleza das palavras que não estava acostumada a ouvir em seu ambiente de vida, apesar de ter tido, junto ao padre Ângelo, pároco do vilarejo próximo à sua casa, algumas aulas nas quais aprendera a ler, escrever e admirar poesia. Tinha, cada vez mais, grande vontade de estudar, pois sentia que algum dia, quando fosse rica e importante, teria necessidade de conhecer as letras.

Bruno foi se apaixonando profundamente por Bianca e já não conseguia ficar sem vê-la. Contava o tempo, ansioso para encontrá-la, e começava a achar que tinha encontrado a amada tão sonhada.

Certa tarde, segurando-lhe as mãos, falou comovido:

– Bianca, já não posso viver sem você. Quero fazê-la minha esposa e passar o resto de minha vida amando-a e concretizando todos os seus desejos. Sei dos seus sonhos e posso realizá-los, meu nome de família é Monti, nunca lhe revelei para não perturbá-la, mas hoje mesmo darei conhecimento a meu pai e aos meus irmãos da minha intenção em desposá-la.

A moça ficou surpresa com a inesperada revelação que o rapaz lhe fez. Até então, olhava-o como um querido amigo, um companheiro, cuja presença a enchia de alegria. Contudo, jamais imaginara um sentimento mais profundo em relação a ele.

– Fico lisonjeada com seu carinho, Bruno, mas mal nos conhecemos, bem pouco sei sobre você.

– Isso não importa; o que importa é que eu a amo tanto que basta uma palavra sua para me tornar o homem mais feliz deste mundo.

– Terei de pensar sobre o que você me fala, conversar com minha mãe. Prometo lhe dar uma resposta em breve.

Bianca voltou para casa com os pensamentos confusos. Recolheu-se ao seu quarto e começou a pensar: "Bruno é tudo o que eu esperei na vida, homem rico, bonito e que me ama. Poderia dar-me tudo o que sonho."

No dia seguinte, levantou-se antes de todos, pela ansiedade que sentia. Procurou Juliana e lhe abriu o coração:

– Mama, bom-dia!

– Bom-dia, filha, dormiu bem?

– Não, mama, fiquei a noite toda acordada, com a cabeça cheia de dúvidas, e gostaria de seus conselhos.

– Querida, você me assusta, o que aconteceu?

– Há um mês, tenho me encontrado, todos os dias, com um rapaz que, somente ontem, soube ser filho do Conde Enrico Monti. O nome dele é Bruno e está apaixonado por mim. Ontem, pediu-me em casamento, e eu lhe prometi uma resposta depois de falar à senhora.

– Bianca, por Deus, tenho sempre alertado você que essa mania de sonhar alto vai levá-la a muita dor. Jamais a família desse rapaz permitirá que ele se una a uma moça pobre como você.

– Mas ele me ama e lutará contra todos para ficar ao meu lado.

– Estou lhe avisando, você terá muito sofrimento; não quero mais que se encontre com esse moço. Se Vicenzo souber, ficará muito irritado com você e comigo. Poderá até ser prejudicado pelo Conde Monti, seu patrão.

Bianca afastou-se e começou a pensar nos conselhos de sua mãe: "Na realidade, não o amo como eu imagino amar um dia meu esposo; apenas sei que preenche todas as qualidades que espero encontrar naquele que me fará feliz para sempre. Desejo um belo moço, rico, que me ame, que possa satisfazer todos os meus sonhos, e nisso Bruno se encaixa perfeitamente; mas o amor é muito mais do que isso".

Bruno, assim que deixou Bianca, chegou a casa com o coração transbordante de alegria, ansioso para falar aos quatro cantos do seu amor, da felicidade que estava prestes a conseguir ao lado de sua bem-amada. A primeira pessoa que encontrou foi Pietra, sua tia, esposa de seu pai em segundas núpcias, que, após o falecimento de sua mãe, Dona Luísa, assumiu o papel de mãe dos três filhos de Enrico.

Pietra idolatrava Enrico Monti, que sequer a notava, tratando-a com acentuado desprezo. Casara-se apenas para ter alguém cuidando dos filhos, principalmente de Bruno, que era ainda muito pequeno, por ocasião do falecimento de sua mãe.

Dona Luísa sempre fora moça delicada, com uma saúde frágil e, após o casamento com Enrico, feito por interesse das duas famílias, com a finalidade principal de aumentar a fortuna que possuíam, foi definhando dia a dia. Quando do nascimento do terceiro filho, Bruno, apagou-se de vez sua vontade de viver.

O marido, homem brusco, sem qualquer delicadeza com a esposa, relacionava-se com ela de forma superficial, sem nunca, apesar dos três filhos, ter-lhe dito uma simples palavra de carinho.

Pietra, que vivia com Luísa desde o casamento desta, sempre guardara um amor secreto pelo cunhado. Quando ele lhe propôs casamento, após a morte da irmã, aceitou sem pensar duas vezes, vendo com esperança a oportunidade de realizar o seu grande sonho.

Pietra ouviu a voz de Bruno e pelo tom imaginou que acontecera algo muito importante.

– Mãe, vou me casar. Estou apaixonado e encontrei, finalmente, aquela por quem sempre esperei – disse Bruno, o único que chamava Pietra de mãe.

A senhora, surpresa e confusa, pois o julgava quase uma criança, respondeu-lhe:

– Como? Você está sonhando! Seu pai e seus irmãos não gostarão de saber dessa novidade.

– Por quê? Carlo não quer compromisso, Fábio constituiu família e já tem dois filhos. Por que não posso me casar? – argumentou o rapaz.

– Pelo menos é uma moça de nosso nível? Tem dote garantido?

– O dote de minha amada são o ouro de seus cabelos, as esmeraldas de seus olhos, as pérolas de seu sorriso. Para mim basta só isto.

– Pois bem, conversaremos mais tarde sobre este assunto – respondeu-lhe Pietra, contrariada, dirigindo-se ao escritório para relatar a Enrico o ocorrido, mas lá encontrou Carlo.

Carlo, diferentemente de Bruno, no apogeu dos seus 30 anos, vivia de conquista em conquista no terreno das paixões. Usava seus dotes físicos e materiais para "aproveitar a vida" à maneira que os aristocratas da época o faziam, tendo orgulho de ser chamado, entre seus amigos do mesmo nível social, de *"bon vivant"*. Recebeu a tia com surpresa, devido ao semblante de preocupação que ela apresentava ao se dirigir a ele com voz ofegante:

– Carlo, temos que conversar. O assunto é sério e requer toda a atenção da família. Bruno quer se casar; pelo jeito não é moça de nosso meio. Quando perguntei quem era, saiu com evasivas, de forma romântica, como sempre faz.

– O que a senhora me fala, tia? Casar? Bruno está maluco. Temos que tomar providências para saber se não está sendo envolvido por alguma aventureira que, aproveitando-se da infantilidade dele, quer colocar as mãos em nossa fortuna.

Carlo Monti saiu em busca do irmão, para maiores informações. Encontrou-o em seu quarto, deitado na cama, com o olhar apaixonado preso ao teto, mostrando que sua cabeça estava bem longe dali. Abriu a cortina de veludo cor de vinho para afastar a penumbra do ambiente.

– Meu irmão, que novidade é essa de casamento? – perguntou, sentando-se ao lado do leito de Bruno.

– Ah! Você já sabe? Encontrei, mano, a mulher de meus sonhos. Você precisa conhecê-la. É bela, pura, pensa como eu; tão jovem que me dará, por certo, muitos filhos.

– Quem é essa moça, Bruno? A qual família pertence?

– Meu querido Carlo, Bianca é filha de um serviçal de nosso pai. Um camponês que trabalha arduamente em nossas lavouras.

– Por certo, você enlouqueceu. Uma camponesa? Sem instrução, com certeza. Você quer nos envergonhar, jogar nosso nome na lama.

– Por que você está falando assim, de uma pessoa que nunca viu? Quando a conhecer, irá mudar de ideia e saberá tratar-se de uma joia tão preciosa, que nunca poderei perder – disse Bruno, erguendo-se do leito bruscamente, batendo na mesa redonda que

20

ficava ao lado da cama e deixando cair o jarro de louça chinesa que estava sobre a mesma.

Carlo percebeu que esse não era o momento mais oportuno para insistir na conversa. Saiu do quarto do irmão, maquinando qual seria a melhor saída para aquela situação.

No dia seguinte, quando Bruno entrou no salão de refeições para o desjejum, viu o irmão sentado à cabeceira da longa mesa, onde o serviço de café em finíssima prata estava disposto no centro, com diversas bandejas repletas de muitas frutas, doces e variados tipos de queijos.

– Bom-dia, mano! Tudo bem? Estava esperando por você. Sente-se.

– Bom-dia, Carlo. Comigo está tudo ótimo, e com você? – respondeu, sentando-se à outra ponta da mesa, sendo prontamente servido pela criada.

– Eu também estou muito bem hoje. Quero pedir desculpas pelo modo com que lhe falei ontem. Na realidade, não conheço a sua escolhida e por certo deverei gostar dela, se é como a descreveu. Como é o nome dela?

– É Bianca, nome que combina com o seu rostinho de pele aveludada como um pêssego, com a alvura dos anjos e a delicadeza das deusas. Seus olhos têm o verde desta uva – disse, levantando o cacho da fruta que saboreava.

– Acredito que deve ser muito linda e gostaria de conhecê-la. Diga-me como a encontrou.

– Dava, um dia, o meu habitual passeio vespertino quando me deparei com aquele anjo no meio de um canteiro florido. Tenho certeza de que comecei a me apaixonar naquele exato momento.

Como sempre, ao se referir a Bianca, o tom de Bruno era de extremo entusiasmo.

– Conte-me mais: sobre o que conversam? Do que ela gosta?

– Conversamos sobre a beleza das flores, dos pássaros, gostamos das mesmas músicas. Bianca adora as poesias que leio para ela todas as tardes.

Carlo, agora, com maiores detalhes, começou a conceber um plano para envolver a moça e provar ao irmão tratar-se de uma aventureira.

Bruno, naquela tarde, foi ao encontro de Bianca, na doce esperança de obter uma resposta positiva ao seu pedido. Como sempre, a jovem já estava a esperá-lo. Quando a viu, percebeu que seu aspecto não era o costumeiro; o semblante carregado mostrava certa tristeza. O coração do moço sentiu um aperto, pois pressentiu que havia algo de errado.

– Boa-tarde, minha querida! Contava as horas para vê-la novamente. Parece que só respiro ao seu lado. Quando não estou junto a você, o tempo não passa. A infelicidade toma conta de todo o meu ser.

Bianca, sentada na relva macia, encostada em frondosa árvore, disse:

– Não exagere, Bruno. Sente-se ao meu lado que temos muito a conversar.

– Falou com sua mãe? Já tem alguma resposta para me dar? – perguntou, sem poder conter a forte emoção que o invadia.

– Sim, falei à mama. Ela acha que nunca poderia dar certo um casamento entre nós. Pediu até que eu não o veja mais. Proibiu-me de encontrá-lo.

– Não é possível, Bianca, deixe-me falar com ela. Tenho certeza de que mudarei a opinião de sua mãe. Não consigo nem pensar em um não como resposta.

– A bem da verdade, eu também acho que devemos esperar mais um pouco. Não tenho certeza de meus sentimentos. Quero estar segura, pois o casamento é o passo mais importante da vida de uma mulher. Adoro você, como o meu mais querido amigo, mas é necessário um sentimento muito forte para ligar duas pessoas para o resto de suas vidas.

Bruno, com os olhos marejados, não podia suportar as palavras que machucavam seus ouvidos e penetravam em seu coração como punhal. Pediu para acompanhá-la até em casa, mas Bianca não o permitiu, com medo do padrasto e da mãe, que por certo a recriminariam.

Bianca retornou ao lar com o coração entristecido. Sabia que gostava muito de Bruno, apesar de não amá-lo. A dor que viu estampada em seu rosto lhe trouxe um sofrimento profundo. Ele deixava transparecer, através do olhar decepcionado, a mágoa que lhe ia n'alma.

Ao chegar em casa, procurou o irmão Carlo, que lhe parecera, na última conversa que tiveram, receptivo a entendê-lo. Quem sabe poderia ajudá-lo?

– Carlo, posso entrar? – perguntou, perturbado.

– Por certo, Bruno, venha – disse, percebendo o estado em que ele se encontrava.

Carlo estava na biblioteca, sentado à mesa de madeira escura, finamente entalhada, tendo, atrás de si, enormes prateleiras que se distribuíam por toda a parede, cobertas de livros. Aquele lugar austero, por certo, não seria o melhor lugar para comover o irmão e pedir a sua ajuda. Bruno, então, convidou Carlo para um passeio nos jardins em torno do castelo, e ele aceitou prazeroso. Caminharam por entre as sebes que ornamentavam a alameda principal. Sentaram-se em um banco no caramanchão, adornado de trepadeiras, salpicadas por pequenas flores azuis que davam ao lugar um aspecto de paz e tranquilidade.

– Meu irmão, preciso de sua ajuda – disse Bruno, demonstrando, pelo tom de voz, toda a contrariedade que o possuía.

– Pode contar comigo, Bruno. Fale.

– Fui encontrar Bianca, hoje, para saber sua resposta ao meu pedido de casamento. Acontece que a mãe dela, preocupada com o desnível social que existe entre nós, não permite, sequer, que ela continue me vendo. Isso a abalou, pois, cheia de dúvidas, não sabe o que me responder. Gostaria que fosse procurá-la e a convencesse do meu amor, mostrando a ela que posso derrubar qualquer barreira que exista entre nós. Vi, hoje de manhã, que você se mostrou sensível às minhas intenções, e o procuro agora, como uma tábua de salvação. Por favor, procure Bianca e a convença a ser minha mulher.

Carlo viu, naquele pedido, a grande oportunidade de mostrar a Bruno que toda camponesa ambiciosa procura, na realidade, a ascensão social e o dinheiro, a qualquer custo.

– Pode deixar, vou procurá-la e convencê-la-ei a desposá-lo – prometeu-lhe, seguro.

Bruno abraçou o irmão e agradeceu, com a voz comovida, o auxílio que este se dispusera a dar-lhe.

Capítulo 2

Carlo

NA TARDE SEGUINTE, Bianca foi ao encontro de Bruno, sobretudo para confortá-lo, uma vez que ainda guardava na memória a tristeza intensa de seu olhar, fitando-a com desespero, por não ter conseguido o sim almejado.

As horas passavam, e ele não vinha. Meditava se deveria ou não ir embora, quando o tropel de um cavalo chamou-lhe a atenção. Imaginando ser Bruno, viu aparecer outro cavaleiro. Era Carlo que, trajado com discreto bom gosto, fitou-a com um olhar penetrante.

Sua arma principal, no jogo da sedução, eram seus olhos cor de mel, adornados por longos cílios negros. Cabelos castanho-claros, tez de um bronzeado natural, não tão alto quanto seu irmão. Tinha um físico atlético que fora moldado na prática de muitos esportes, sobretudo a esgrima, que lhe dava a elegância do porte.

Bianca ficou extasiada e desconcertada ante a beleza daquele homem.

Carlo sabia, quando queria conquistar uma mulher, que bastava fitá-la nos olhos para conseguir seu intento. Havia resolvido ganhar a confiança da moça, sem revelar ser irmão de Bruno.

– Não sei se penetrei no paraíso, mas por certo os anjos terão a candura de seu olhar – disse à moça em um tom de voz modulado.

Ela, que ficara petrificada com aquela presença repentina, não conseguiu articular uma só palavra; aquela voz máscula fez-lhe sentir um estremecimento por todo o corpo.

– Senhorita, gostaria de saber seu nome. Perdoe-me o atrevimento, mas em toda a minha vida jamais vi uma jovem tão bela – disse, aproximando-se mais de Bianca.

– Meu nome é Bianca – respondeu-lhe encabulada, baixando o olhar, com o rosto em chamas.

Carlo tomou-lhe a pequena mão alva, depositou-lhe um beijo e foi-se, sem nada mais dizer. Bianca sentiu como se sinos tocassem, como se aquela voz fosse uma doce música soando em seus ouvidos. Um calor lhe envolveu o coração e a alma. Gostaria de ter corrido atrás dele, perguntado o seu nome, mas a timidez não lhe permitiu. Seu pensamento já não tinha mais lugar para Bruno. Percebeu que, naquele pequeno instante, esteve diante do homem de sua vida. Voltou para casa como se pisasse em nuvens. Quem seria? Vê-lo-ia novamente?

Por sua vez, Carlo tornou ao castelo, indo dar conta a Bruno da missão que lhe confiara. Encontrou-o na sala de estar, cabisbaixo e entristecido.

– Mano, fui, como lhe prometi, ao encontro de Bianca. Você estava com toda a razão; é uma moça belíssima. Agora entendo a razão de seu amor por ela. Infelizmente, está irredutível, quer obedecer à mãe e pediu para não mais procurá-la. Acho que você deveria ir a Paris, por um tempo. Tenho lá alguns amigos, que terão o maior prazer em recebê-lo. Durante sua ausência, estarei tentando convencer Bianca a aceitá-lo.

– Não gostaria de me afastar agora; preciso lutar pelo meu amor – disse Bruno, apreensivo.

– Ouça o meu conselho, sou mais velho, conheço muito bem as mulheres e sei que, para conquistá-las, não devemos demonstrar excessivo interesse. Eu o defenderei junto a ela, e em sua volta estará pronta a recebê-lo.

– Confio em você. Farei o que sugere – concordou Bruno, sem muita segurança.

Na manhã seguinte, Bruno preparou-se para a partida a Paris, deprimido, mas esperançoso, diante da sugestão do irmão mais experimentado. Viajou logo mais à tarde, como quem aceita um remédio amargo em busca da cura mais rápida.

Passaram-se dois dias, e, nesse tempo, Bianca voltou no mesmo horário ao local onde encontrara Carlo, na esperança de revê-lo. Ficou numa ansiedade que a deixou quase doente. Aqueles olhos a perseguiam durante o dia, durante a noite, a qualquer momento. A lembrança daquela voz provocava uma emoção que a dominava inteiramente.

Era parte do jogo de Carlo fazer Bianca esperar. Ele sabia que a ansiedade faria com que ela ficasse mais frágil e sensível às suas intenções.

No terceiro dia, a jovem, esperando como sempre, ouviu o cavalo que se aproximava. Seu coração disparou e, antes mesmo de vê-lo, sentiu a presença de Carlo. Ele se aproximou, sentou-se ao seu lado, segurou-lhe a mão, dizendo gentilmente:

– Vim buscar meu coração, que há dois dias deixei neste jardim.

– Como, senhor? Não compreendi – disse, emocionada.

– Não consigo esquecê-la, senhorita; seu rosto angelical não sai da minha cabeça.

Bianca, totalmente envolvida pela personalidade marcante de Carlo, sentiu-se delirar de contentamento. Estava ali o príncipe tão esperado.

Na realidade, a trama fora iniciada para mostrar a seu irmão com que facilidade uma moça pobre muda de ideia quando acha outro homem mais rico. Porém, sentia-se incomodado, sem atinar exatamente com o quê. Quando dissera a Bianca que não a havia esquecido nos dois dias que os separaram do último encontro, não mentira totalmente. Pensara muito na jovem e isso o perturbara, pois não estava acostumado a romantismo.

A sua vida inconsequente era fundamentada nos bailes, festas e conquistas. Seu charme irresistível prendia as mulheres com toda a facilidade. Até com algum cinismo, descartava-se das conquistas como trocava de roupas. Não conseguia confiar nas mulheres, sempre prevenido contra as aventureiras.

Com as informações obtidas de Bruno, iniciou a conversação:

– Veja, Bianca, a beleza dessas flores, parecem um tapete colorido. Repare o bailado dos pássaros e das borboletas. Dá-nos uma sensação de liberdade.

– Reparo nisso todos os dias. Às vezes, gostaria de ser um beija-flor para beijar todas as flores que se espalham nos jardins. As borboletas são minhas preferidas. São todas tão lindas, e suas cores têm uma beleza insuperável.

Carlo lembrou-se do romantismo de Bruno, tão parecido com o de Bianca, e disse-lhe:

– Parece que temos o mesmo gosto, senhorita, só falta me dizer que também gosta de poesias.

– Por certo, adoro-as! – exclamou, admirada, pensando que aquele homem parecia ver dentro de sua alma.

– Então, amanhã nos encontraremos para que eu leia a você algumas de minha preferência.

– Agora, preciso ir. Minha mãe deve estar preocupada com minha demora.

– Prometa, então, que a encontrarei amanhã – disse-lhe o moço, segurando-lhe as mãos.

– Prometo. Estarei aqui no mesmo horário. Como devo chamá-lo?

– Carlo! Sempre para servi-la.

A moça soltou as suas mãos das mãos do rapaz, com certo pesar, e retornou ao lar. Chegando em casa, recolheu-se ao leito. Queria ficar só, sonhar com Carlo, relembrar cada detalhe da conversa que tiveram.

Juliana, percebendo que a filha não falara mais em Bruno, achou que aquele problema já estava superado.

Bianca nada contou à mãe com relação a Carlo, pois sabia que ela implicaria, como fizera anteriormente. Aceitara passivamente a posição da mãe com relação a Bruno, mas em relação a Carlo, tinha a certeza íntima de que nada a faria desistir.

Na tarde seguinte, preparou-se com todo o esmero, arranjou os cabelos com uma rede fina, adornada de miosótis, escolheu um vestido verde, que lhe valorizava os olhos, e foi ao encontro tão esperado. Quando chegou ao jardim, Carlo já a esperava; tinha nas mãos um buquê de violetas e um livro de poesias.

– Querida, que saudades! Trouxe-lhe um presente – disse, amável, entregando-lhe as flores.

– Obrigada, Carlo, são lindas! – pegou o buquê de violetas, encostando-lhe os lábios e aspirando o delicado perfume.

Carlo, então, passou a ler as poesias que havia selecionado. Eram lindos versos de amor que foram enlevando a alma de Bianca. Após a leitura, envolveu-a em seus braços e lhe roubou um beijo.

– Por favor, Carlo, não faça isso.

Apenas seus lábios o censuravam, porque toda ela almejava por mais beijos. Tinha sido o seu primeiro beijo de amor.

Carlo, fingindo arrependimento, disse-lhe:

– Perdoe-me, não deveria ter feito isso, mas foi mais forte do que eu. Não veja desrespeito em minha atitude, apenas um impulso advindo do forte sentimento que estou nutrindo por você.

Os encontros se sucederam dia após dia. Carlo enganava a si mesmo, afirmando que nada sentia pela moça, que apenas queria vê-la para provar ao irmão a sua leviandade, mas seu coração se inseria junto ao dela, como nunca nenhuma outra mulher o conseguira.

A cada encontro, os beijos e carinhos iam aumentando de intensidade. Naquele fim de tarde, em que tudo, desde o céu até o perfume do vento, parecia convidar os dois amantes ao êxtase, ele falou:

– Minha amada, quero saber se seu amor é tão grande quanto o meu.

– Sim, querido, amo-o demais. Antes de conhecê-lo, não poderia imaginar um sentimento tão grande.

– Então, prove-me seu amor, seja minha, só minha! – pediu-lhe, estreitando-a contra seu peito.

Bianca, perturbada, não sabia o que responder. A cabeça rodava-lhe. Os lábios de Carlo queimavam os seus próprios lábios. O corpo do rapaz junto ao seu. O coração dele batia em uníssono com o dela. Sentindo-se desfalecer, entregou-se a Carlo em meio às margaridas. Aquele ato marcou fundo o coração de Carlo. Não estava acostumado a colher pureza nas mulheres com quem se relacionava. Bianca, porém, dera-lhe a prova pedida, sem nada pedir em troca. Voltou para casa com os pensamentos conturbados pelos últimos acontecimentos. Não queria admitir estar sentindo algo mais profundo por ela. Era uma pobre camponesa que, já que perdera Bruno, certamente, estava disposta a conseguir outro marido rico. Resolveu não mais vê-la, pois não gostava do que estava sentindo. Jamais se deixara prender e não seria agora, com aquela menina, que seria diferente.

Bianca, por sua vez, estava nas nuvens. Voltou à sua casa, pensando estar sonhando. Quanta felicidade! O que estava sentindo não se comparava a nada no mundo. Entregara-se com todo o amor do seu coração. Não se arrependia, pois tinha a certeza de que Carlo se casaria com ela e seriam felizes para sempre.

30

Passaram-se os dias, e Bianca voltou diariamente ao jardim à espera do amado. Desesperava-se, pois alguma coisa deveria ter acontecido a Carlo. Quem sabe um acidente terrível. E todos esses pensamentos foram tirando a sua vitalidade.

Passado quase um mês, certo dia, ao ir à aldeia fazer compras para a mãe, viu Carlo passar em uma carruagem, acompanhado por uma linda mulher.

– Senhor, conhece aquele homem na carruagem? – perguntou ao vendeiro, com a voz trêmula e o coração ansioso.

– Trata-se de Carlo Monti, filho mais velho do Conde Enrico Monti, não sei como não o conhece. Por certo, é porque quase não vem à aldeia. Mas é muito conhecido pelas suas aventuras amorosas. Está sempre acompanhado de diferentes mulheres, sempre muito belas – completou o homem em tom de confidência.

Bianca queria morrer ali mesmo. A verdade desabrochou em sua mente como um relâmpago. Fora vítima de uma cilada, e isso explicava a ausência de Bruno tão repentinamente. Ao chegar a casa, sentiu forte vertigem e passou muito mal. A mãe, preocupada, chamou a vizinha para ajudá-la. A vizinha, ao ficar sozinha com ela, fez-lhe uma terrível revelação:

– Bianca, você está grávida!

– Não é possível, não acredito – respondeu-lhe a jovem, desesperada.

– Sim, minha filha, nunca me engano nesses assuntos. Tenho nove filhos.

– Por favor, imploro-lhe, não fale nada à minha mãe – pediu Bianca, perdendo toda a cor de seu rosto.

– Não falarei, mas você não poderá esconder por muito tempo. Procure o pai da criança e faça-o assumir a responsabilidade – aconselhou a senhora, com carinho e certa piedade.

Bianca passou a noite com os olhos pregados no teto de seu quarto. Achava que Carlo deveria ter alguma explicação para a sua ausência. Seguiria o conselho da vizinha, pois tinha certeza de que, ao saber que ela esperava um filho, não a deixaria.

Assim que clareou o dia, Bianca seguiu para a propriedade dos Monti. Deveria demorar um bom tempo no percurso, por ser sua casa muito afastada. Ao chegar, ficou impressionada com a beleza do castelo, que se erguia ameaçador, apontando a grande diferença social que existia entre ela e os Monti. Havia deixado a carroça que a conduzira no portão de entrada. Caminhou pela alameda principal até a grande porta de madeira que dava acesso ao interior da propriedade. Sob um brasão de bronze havia uma alça, a qual pegou, batendo à porta.

O castelo estava sendo preparado para uma recepção que haveria logo mais à noite, para alguns nobres franceses que se hospedavam com os Monti, em uma ligeira passagem pela Itália.

Foi atendida por um criado, que a olhou com desprezo.

– Em que posso servi-la, senhorita?

– Quero falar com o senhor Carlo Monti – respondeu um pouco assustada.

– A quem devo anunciar?

– Bianca.

– Bianca de quê?

– Apenas Bianca, ele me conhece.

O criado solicitou que aguardasse no saguão, o qual contemplou extasiada. Havia um aparador de mármore rosa e, sobre o mesmo, um grande espelho de cristal, emoldurado em dourado e uma grande floreira de prata, ladeada por dois castiçais. Duas escadas em semicírculo, uma à esquerda e outra à direita, também em mármore rosa, levavam ao primeiro andar. Bianca foi subindo lentamente, receosa de ser vista, mas com grande curiosidade, própria de uma jovem de quinze anos. Entrou no salão principal, onde os criados iam e vinham no afã da arrumação e, por esta razão, sequer a notaram. Era uma maravilha: os móveis, as cortinas, a prataria, as louças, que já estavam sendo colocadas na extensa mesa, coberta de finíssima toalha de linho bordado.

Chegou até a janela que estava aberta e que dava para o jardim; ao olhar para baixo, viu Carlo sentado próximo ao caramanchão, ao lado da mesma moça que havia visto junto a ele na carruagem.

Neste momento, o criado chegou junto ao patrão, e Bianca pôde adivinhar a conversa pelo menear da cabeça de Carlo.

– Com licença, senhor, está aqui uma jovem que diz chamar-se Bianca, quer lhe falar e disse que o senhor a conhece.

Sentiu um sobressalto. Sua primeira vontade foi atendê-la. Nunca mais, após ter começado a evitar os encontros com Bianca, tivera paz, já que seu coração sofria ao lembrar qualquer detalhe daquela mulher. Mas seu orgulho, provindo de sua racionalidade deturpada pela sua condição social, fez com que juntasse forças dentro de si para responder artificialmente:

– Não, não a conheço! Diga a ela que não estou – mostrando ser dono de grande autocontrole.

– Como queira, senhor.

Carlo sentiu o coração apertado. Considerou que não estava sendo justo e até avaliou sua atitude como indigna. Ao mesmo tempo em que não queria ver Bianca, seu coração sentia uma ansiedade inexplicável. Gostaria de se entregar ao sentimento novo que experimentava, mas, sendo fiel aos seus princípios e ao seu orgulho, recusou-se a dar vazão àquela paixão. Procurou continuar a conversa com a jovem francesa, sua hóspede.

O mordomo voltou com a resposta, com o ar mais petulante ainda.

– O senhor Carlo não está, quer deixar algum recado?

– Não, não quero não – respondeu-lhe a moça, com um tom de orgulho ferido, que deixou sua voz metálica.

Bianca saiu daquele lugar com a alma trespassada de ódio. Seus olhos secos não tinham mais uma lágrima. Naquele momento, todo o amor que devotou a Carlo transformou-se em ódio mortal. Jurou nunca mais acreditar em homem algum e prometeu a mais profunda vingança.

Foi para casa. Precisava conversar com a mãe, contar-lhe tudo. Juliana, que estava preparando o almoço, viu a filha entrar e se impressionou com sua aparência. Lívida, com profundas olheiras, dirigiu-se à mãe:

– Mama, quero lhe falar. O assunto é grave, e não sei como começar.

Aos poucos e com grande dificuldade, conseguiu contar tudo o que acontecera e o resultado de sua insensatez. Não haviam percebido que Vicenzo, parado à porta, tudo havia escutado. Juliana, com a cabeça entre as mãos, soluçava copiosamente. Vicenzo entrou na cozinha, agarrou Bianca pelos cabelos e a espancou violentamente, sem piedade.

– Desgraçada, infeliz, o que você fez? Atirou meu nome na lama. Saia já de minha casa e nunca mais volte aqui.

A mãe tentou intervir, mas levou uma forte bofetada do marido.

– Você também é culpada! Deixou essa menina à vontade, sempre perambulando por aí. Só poderia dar nisso. Se quiser, pode ir com ela, mas aqui ela não fica mais.

Bianca levantou-se do chão e, cambaleante, fugiu daquele lugar, sem nada levar, sem olhar para trás, sem rumo certo, só ouvindo o som de seu próprio choro, só sentindo a dor que habitava seu peito naquela hora, como se seu coração estivesse a se desmanchar diante da imagem de Carlo que, em tão pouco tempo, tinha tido a capacidade de se transformar de seu sonho de amor em seu cruel algoz.

A jovem caminhou sem parar. Anoiteceu, a madrugada chegou, e ela sempre andando, até que suas pernas não mais aguentaram e caiu desmaiada.

Carmem, dona do prostíbulo mais concorrido do lugar, voltava de um encontro escuso quando deparou com a moça estendida no chão. Reparou na sua excepcional beleza e pressentiu estar ali mais uma provável fonte de lucro.

Essa mulher aliciava jovens para que se entregassem por dinheiro a todos os tipos de homens que pudessem pagar. Chamou um cocheiro, e ambos recolheram Bianca, levando-a à sua casa, onde Carmem pediu à criada para fazer um caldo quente e, aos poucos, foi fazendo com que ela o ingerisse. A moça, voltando a si, olhou-a, dizendo:

– Onde estou? Quem é a senhora?

– Meu nome é Carmem, fique despreocupada, que sou amiga.

– Como vim parar aqui? – perguntou, sem compreender onde estava.

– Eu a trouxe; encontrei-a caída no passeio – respondeu-lhe a mulher.

Bianca quis chorar, gritar, mas não conseguiu. A dor que sentiu foi tão forte que a deixou entorpecida. Após o caldo quente, Carmem fez com que engolisse uma mistura de ervas de efeito calmante. Bianca pegou no sono que, mesmo agitado, a prostrou até o dia seguinte, quando Carmem entrou no quarto, correndo as cortinas e deixando que o sol banhasse o ambiente.

– Bom-dia, menina! Como você está hoje? – perguntou-lhe em tom alegre.

– Bom-dia, senhora.

A voz estrangulada saiu com dificuldade.

– Como você se chama?

– Chamo-me Bianca – respondeu fracamente.

– Hoje, você vai ficar deitada, alimentando-se e repousando, para recuperar suas forças. Amanhã falaremos, e você me contará tudo o que lhe aconteceu e que a levou à situação em que a encontrei.

Passou o dia anestesiada. A conversa com a mãe, a surra do padrasto, a recusa de Carlo em recebê-la, aquela desconhecida que a recolhera, tudo dançava em sua cabeça de forma alucinada. Dormiu e acordou, sempre com os mesmos pensamentos martelando em sua cabeça.

Quase anoitecendo, Carmem pediu à criada que levasse uma refeição a Bianca e mandou avisá-la de que, na manhã seguinte, teriam uma longa conversa.

A jovem não conseguiu engolir o alimento e ficou a meditar sobre o que aconteceria no dia seguinte. Qual seria o seu destino? Iriam mandá-la para a rua novamente?

Após uma noite infernal, que julgou ter sido a pior de sua vida, a criada levou-lhe roupas limpas, ajudou-a na higiene e a conduziu ao aposento particular de Carmem, que fazia sua refeição matinal.

Bianca, pálida e cambaleante, foi acomodada na poltrona em frente à mulher, que lhe indagou:

– Então, menina, conte-me sua história.

– Dona Carmem, agradeço a sua caridade em me auxiliar. Neste momento, não tenho ninguém no mundo, sinto uma enorme vontade de morrer.

– Qual nada, vai passar. A minha experiência pode lhe afirmar que tudo passa; é só dar tempo ao tempo, mas prossiga.

– Ontem, meu padrasto expulsou-me de nossa casa, pois para minha infelicidade, apaixonei-me por um homem rico que me enganou e agora, senhora, que estou grávida, todas as portas se fecharam para mim.

– Compreendo. Você poderá ficar aqui até que se recupere. Assim que estiver melhor, acharemos alguma coisa para você fazer.

Capítulo 3

O duelo

NA FRANÇA, DEPOIS DE um mês de notícias evasivas, Bruno não mais suportava a situação e resolveu voltar à Itália. Chegou de surpresa, depois de acelerar ao máximo a viagem, uma vez que o irmão, em suas cartas, dizia que ele ficasse sossegado que estava tudo andando bem. Quando Bruno chegou, foi direto ao encontro de Carlo.

– Como, Bruno, já de volta? – perguntou Carlo, muito surpreso.

– Como já? Passou-se mais de um mês, desde sua última carta. Como está Bianca? O que você conseguiu junto a ela?

– Como eu o havia prevenido, assim que você deu as costas, já se arrumou para conquistar outro bom partido.

– Não acredito nisso. Você não pode estar falando de minha Bianca – falou Bruno, incrédulo.

– Pode acreditar em mim, pois sei o que estou lhe falando – afirmou, sem fitar o irmão nos olhos.

37

Bruno, desesperado, pediu seu cavalo e partiu em disparada à procura de Bianca. Resolveu ir até a casa da moça para saber notícias.

– Boa-tarde, senhora – cumprimentou Juliana, que estava sentada à porta.

– Gostaria de falar com Bianca, meu nome é Bruno Monti e sou amigo dela.

– Entre – disse Juliana, com expressão apreensiva e olhos inchados que demonstravam choro repetido.

– Senhor Bruno, uma desgraça se abateu sobre nós, o senhor não está sabendo?

– Não, o que aconteceu? Onde está Bianca? – respondeu, quase não contendo a ansiedade.

– Não sabemos. Meu marido Vicenzo a expulsou de casa, não permitindo que volte – explicou Juliana.

– Mas por quê? Conte-me tudo.

– Minha filha havia pedido meus conselhos com relação ao senhor. Disse-me que a havia pedido em casamento. Como era de se esperar, fui contra, uma vez que a diferença social entre vocês era muito grande. Como não mais voltou ao assunto, acreditei ter entendido os meus argumentos e aceitado os conselhos. Percebi que andava muito feliz. Por um mês, viveu cantarolando e dando seus costumeiros passeios. Eis que me procurou e me surpreendeu com uma terrível revelação. Estava apaixonada por seu irmão Carlo Monti, que a desonrou e a deixou como uma qualquer. Foi procurá-lo para informar que estava à espera de um filho dele, e ele sequer a recebeu. Quando me contava tudo, Vicenzo escutou-nos e, depois de lhe dar uma grande surra, expulsou-a. Não tenho ideia para onde ela foi. Estou proibida de sair e muito mais de procurá-la. Quero aproveitar a sua vinda para lhe pedir, pelo amor de Deus, que busque por Bianca e a ajude no que puder.

Bruno foi sentindo o sangue sumir-lhe do corpo. Seu coração parecia que ia parar, não podia acreditar que seu querido irmão o tivesse traído daquela forma. Pegou as mãos de Juliana, dizendo:

– Confie em mim! A desonra de sua filha será vingada.

Voltou para casa alucinado, procurou pelo irmão e, antes de lhe dizer qualquer coisa, acertou-lhe um soco no rosto.

– O que é isso, Bruno? Enlouqueceu? – perguntou Carlo, perdendo o equilíbrio.

– Deveria matá-lo com minhas próprias mãos. Você é a pessoa mais vil que já conheci. Traidor! Canalha!

O rosto de Bruno estava transfigurado, os olhos injetados mostravam toda a sua fúria.

– Calma, explique-me do que se trata.

– Estive, hoje, com a mãe de Bianca, que me contou tudo o que aconteceu. Você abusou dela e a jogou como uma roupa velha ao saber que esperava um filho seu.

– Filho? Que filho? Não sei do que está falando.

– Prepare-se, você já não é mais meu irmão. Mandarei meu padrinho para acertarmos um duelo, no qual vou cobrar tudo o que você fez.

A expressão de Carlo era totalmente confusa, nada havia entendido do que falara Bruno e pensou em voz alta, muito apreensivo:

– Filho?! Não sei de filho nenhum, do que será que ele está falando?

Como por encanto, veio-lhe à cabeça a visita de Bianca, quando se recusara atendê-la. Então, foi isso, talvez tenha vindo me contar. Meu Deus, como remediar essa grave falta?

Não havia tido mais notícias de Bianca. Não fora mais ao local onde se encontravam e forçara-se a desviar o pensamento cada vez que o rosto da jovem assomava-lhe à lembrança.

Bruno, por sua vez, foi ao encontro de um amigo íntimo para lhe propor que fosse seu padrinho no duelo contra o irmão.

– Vim buscar sua ajuda. Devo resgatar a honra de minha amada, que meu irmão Carlo vilmente destruiu.

– Mas, Bruno – disse-lhe o amigo –, seu irmão é exímio espadachim, de uma certeira pontaria, *"expert"* em armas de fogo, como desafiá-lo sem desvantagens? Você, até agora, só viveu sonhando, não está preparado para nada.

– Você me ajuda. Sei que também é excelente com a espada. Escolherei esta arma, e você me preparará para o embate – propôs sem aceitar réplica.

– Farei o que me pede, pois sou seu amigo; porém, continuo achando uma grande loucura – procurou argumentar o amigo.

– Procure, por favor, meu irmão e marque o dia e a hora, avisando-lhe que escolhi a espada como a arma do duelo – solicitou, em tom indignado.

– Procurarei Carlo hoje mesmo, e amanhã começaremos sua preparação.

Seguiram ambos ao castelo dos Monti. Lá chegando, Bruno pediu ao criado que informasse Carlo da presença de seu amigo, solicitando que o recebesse.

O criado cumpriu a ordem, e Bruno recolheu-se preocupado ao seu quarto, enquanto o amigo conversava com seu irmão.

– Pois é, Carlo, Bruno me procurou e contou-me a desagradável situação em que vocês se encontram.

– É uma loucura infantil, meu amigo. Não quero brigar com meu irmão, quero-o muito bem e tudo o que fiz foi para ajudá-lo. Possivelmente exagerei e a coisa teve consequências que realmente eu não esperava.

– Acontece, meu caro, que ele não quer ouvir nenhum tipo de conselho. Insiste em duelar com você e escolheu a espada como arma.

– Não é possível, não quero machucá-lo. Bruno nada sabe de armas, não sabe esgrima. Só me defenderei e tentarei não machucá-lo. Não posso recusar, porque, tenho certeza, sentir-se-á mais humilhado ainda do que já está. Porém, peço-lhe, como um favor pessoal, que protele o quanto puder a data do duelo. Vá lhe ministrando instruções. Convença-o de que ainda não está pronto, para vermos se, nesse espaço de tempo, muda de ideia.

Carlo deu o assunto por encerrado, e o amigo de Bruno se retirou.

Sua consciência o acusava terrivelmente. Sentia pena do irmão. Não queria, verdadeiramente, chegar a este ponto. Sentiu de perto as graves consequências de sua leviandade. Pensou também em Bianca e resolveu procurá-la mais tarde para esclarecer a história do filho. Porém, naquele momento, apenas Bruno importava. Deveria fazer tudo para que ele o perdoasse.

Seguindo as instruções de Carlo, o amigo de Bruno o procurou.

– Meu amigo, conversei com seu irmão e acertei o duelo. Contudo, devo prepará-lo, senão será certa a sua morte.

– Para mim não importa. Se morrer, morrerei feliz, pois morrerei por minha Bianca.

Começaram, então, os treinamentos durante o dia todo, até chegar à exaustão.

Após quase três semanas de exercício intensivo, Bruno, que melhorara muito seu desempenho, já conseguia impor algum perigo ao professor, começando a dominar certas técnicas. Num embate empolgante que se desenrolou, Bruno, na tentativa de defesa, subiu em uma mesa, que cedeu ao ser pressionada pelo seu peso. Ao quebrar um dos cavaletes de sustentação, a mesa tombou, e Bruno, desequilibrando-se, caiu de uma altura razoável, ferindo, com a própria espada, a sua perna esquerda. O impacto da lâmina rasgou-lhe a carne, e o sangue jorrou profuso.

O amigo correu em socorro, rasgou a camisa e fez um torniquete improvisado, mandando logo chamar o médico, que chegou após breve tempo e ouviu a voz apreensiva do amigo:

– Doutor, parece ser grave. Perdeu muito sangue, por favor, veja o que pode ser feito.

O médico examinou Bruno, verificando a gravidade do ferimento.

– Faremos todo o possível, mas a situação é gravíssima. Devemos lavar constantemente o ferimento, que está muito profundo.

Quando Carlo tomou conhecimento do acontecido, ficou desesperado. Não conseguia se perdoar e não podia crer que aquele pesadelo estivesse acontecendo.

A família se reuniu no escritório, onde Pietra vertia copiosas lágrimas. Enrico dirigiu-se a Carlo:

– Como não fiquei sabendo de nada? Só agora Pietra me contou que, há dois meses, você e Bruno estão às turras por causa de mulher.

– Pai, o senhor está sempre ausente, preocupado com os negócios, em constantes viagens. Não queríamos preocupá-lo.

– Papai realmente tem muito o que fazer, mas você, Carlo, tem pouca responsabilidade – interveio seu irmão Fábio Monti, repreendendo-o, sentado em um canto ao lado da encantadora esposa Lívia Turricceli Monti, filha do Conde Franscesco Turricceli, o segundo homem mais importante da região. – Não faz questão de me ajudar nos negócios da família, na contabilidade, na administração. As pessoas daqui mal lhe conhecem o rosto, pois só pensa em viagens, festas e mulheres. Sua fama de inconsequente, esta sim, é conhecida por todos.

– Você está certo, Fábio, e não faz ideia de como me arrependo neste momento. Daria minha própria vida para livrar Bruno desta terrível situação em que o coloquei.

Enrico, frio e controlado, disse:

– Vamos deixar de queixumes agora, pois nada mais adianta. O fato é que muita coisa deverá mudar nesta casa a partir de hoje. Agora, vamos todos dormir, que Bruno ficará acompanhado por Pietra e pelo doutor durante a noite.

Cada um encaminhou-se para seus aposentos.

Fábio e Lívia foram ao quarto onde os dois filhos pequenos dormiam junto à ama, beijaram as crianças e recolheram-se ao leito.

Carlo, porém, retirou-se em estado de desespero, relembrando todas as cenas, vividas por ele, Bruno e Bianca, que culminaram naquela tragédia.

– Meu Deus, permita que nada de mal aconteça ao meu irmão. Castigue-me, mas poupe-lhe a vida. É apenas um menino, cheio de ilusões e sonhos. Eu, o grande culpado, matei-lhe os sonhos, roubei-lhe a amada e não aguentarei se também for o responsável por lhe tirar a vida.

Nos dias que se sucederam, Bruno foi piorando cada vez mais, e sua perna, apesar da tentativa do cirurgião com a cauterização a fogo, infeccionou, apresentando sintomas de gangrena. Passadas duas semanas, o médico desenganou o doente.

– Infelizmente, nada mais temos a fazer. Cortar-lhe a perna nada resolveria, pois o sangue já está contaminado.

Carlo, que não saíra de perto do irmão naquelas duas semanas, não se conformava. Chegou perto do leito, beijou-lhe a testa, e suas lágrimas, que lhe banhavam o rosto, misturaram-se ao suor da testa de Bruno.

– Meu querido irmão, por favor, fale comigo, eu lhe suplico. Preciso de seu perdão, apesar de não merecê-lo.

Bruno fixou o olhar no irmão e disse com dificuldade:

– Sim, Carlo, eu o perdoo, mas prometa nunca mais se aproximar de Bianca. Não quero que faça mais mal a ela do que já fez.

– Prometo tudo o que me pedir – disse sinceramente.

Bruno, em seguida, fechando os olhos, exalou seu último suspiro.

O funeral transcorreu coberto de emoção.

O pai, Pietra, Fábio, a esposa e filhos seguiram o féretro com os semblantes fechados e tristonhos. Carlo, porém, era o retrato do desespero. Perdera, naqueles poucos dias, o viço do rosto; o porte atlético dava lugar a um corpo alquebrado e envelhecido. Francesco Turricceli, pai de Lívia, colocou suas mãos no ombro de Carlo e o confortou:

– Meu amigo, agora está tudo acabado, e você deve conformar-se. O tempo será seu maior aliado e, certamente, nada escapa ao olhar compassivo e bondoso de Deus.

– Não me conformarei jamais, Conde Turricceli.

– Vá à minha casa amanhã para conversarmos – convidou o Conde.

No dia seguinte, Carlo, apesar de extremamente abatido e confuso, sentiu-se atraído pelo convite amigo do Conde Turricceli, homem que possuía estranho poder de serená-lo.

Logo que entrou nos domínios do vizinho, sentiu a diferença que existia entre os trabalhadores deste e os de seu pai. Eram alegres e trabalhavam cantando, em conjunto, lindas canções populares. As habitações, diferentemente das casas dos camponeses que trabalhavam para os Monti, eram ao redor das plantações, pouco distantes da casa principal, todas pintadas de branco e ladeadas de pequenos jardins. Existìa uma capelinha para que todos assistissem às missas dominicais.

O Conde costumava dar uma parte de seu lucro aos empregados e fazia questão de conversar com todos para saber de seus problemas.

Em contrapartida, Enrico Monti era exatamente o oposto. As pessoas que trabalhavam em sua lavoura moravam bem longe, geralmente em casebres, e caminhavam por horas para chegar às plantações. Nenhum benefício dava aos camponeses e evitava a todo custo falar-lhes, como se pudessem transmitir-lhe alguma doença contagiosa.

Quando Carlo foi anunciado, o Conde veio logo ao seu encontro.

– Boa-tarde, meu caro! Entre; estava esperando por você. Traga um refresco – disse ao criado. – Estaremos na biblioteca.

Adentraram na biblioteca, um espaço surpreendente: havia histórias de santos, a vida de Cristo, material filosófico de alta profundidade, tônica das coleções que se distribuíam pelos quatro cantos do belíssimo aposento. Sentaram-se em poltronas de couro, de espaldar alto, de extremo conforto e bom gosto.

– Fico feliz que tenha aceitado o meu convite; há muito queria lhe falar. Tenho notícias suas por Fábio, meu genro, que sempre se refere a você de modo preocupado. Apesar de ser mais novo do que você, tem mais tino de comércio e dedica-se mais aos negócios de seu pai. Diz sempre que gostaria de modificar seu modo de vida e trazê-lo para ajudá-lo.

– É verdade, Conde, até agora as minhas preocupações não eram outras senão aproveitar a vida de modo fútil. Quero agora, após a partida de Bruno, dar um rumo novo à minha existência. Um dos motivos de minha visita é exatamente o de me aconselhar com o senhor. Em casa, não encontro, em meu pai, o apoio que necessito. Fiz uma promessa a meu irmão, em seu leito de morte, que cumprirei a qualquer custo.

– Fiquei sabendo de tudo, hoje de manhã, através de Fábio. Lamento muito. Sei que deve estar sofrendo terrivelmente, mas volto a lhe afirmar que confie em Deus, estude os ensinamentos cristãos que temos à nossa disposição; neles, somos advertidos a ter confiança no Poder e Benevolência Supremos. Além disso, chamei-o para tentar ajudá-lo a superar esta fase difícil, auxiliando-o, pelos recursos de um novo ambiente, assim como do sábio poder do tempo para o amadurecimento de sua consciência. Tenho alguns interesses na França, interesses comerciais e, não tendo a possibilidade de viajar constantemente, pois gosto de ficar aqui entre os meus, necessito de uma pessoa de minha confiança que me represente. Sabedor de que, no momento, uma viagem seria a melhor solução para o esquecimento, quero propor-lhe este trabalho, o qual, tenho a certeza, você desempenhará com brilho, ajudando-me imensamente.

– Conde, agradeço sua confiança e aceito, como um refúgio – respondeu-lhe Carlo, sem titubear, carente que estava de uma direção à sua infeliz vida.

Preparou tudo rapidamente e em dois dias partiu para Paris.

45

Capítulo 4

A criança

ENQUANTO CARLO REFUGIAVA-SE na França, Bianca seguiu seu novo destino. Passaram-se algumas semanas, e a companhia das margaridas que enfeitavam os jardins próximos do lar da jovem foi trocada pela de um ambiente estranho e pesado, onde se sentiu a pessoa mais solitária e triste de todo o mundo. Continuava recuperando-se fisicamente em casa de Carmem.

Certo dia, tentando reunir coragem, foi ao encontro da senhora e pediu para lhe falar:

– Dona Carmem, já é hora de eu fazer alguma coisa para pagar, pelo menos, o alimento e o teto que a senhora me dá.

– Por certo, menina, você vai começar a ajudar a servir, todas as noites, os nossos convidados que nos visitam.

Naquela mesma noite, foi dada a Bianca uma roupa de copeira e ensinaram-na como deveria servir as bebidas, os canapés e demais iguarias. Quando entrou no salão, sentiu profundo mal-estar. O ambiente era péssimo, muitos homens, quase todos de meia-idade, e as moças, com os rostos extremamente pintados, usavam decotes que punham os seios à mostra e comportavam-se de maneira abusada. Não entendeu muito bem do que se tratava, mas fez o serviço que lhe destinaram, o melhor possível, trabalhando comportadamente, tentando aceitar a nova e desafortunada vida que tinha agora.

Depois de quatro meses, Carmem procurou Bianca com os olhos brilhantes e ambiciosos, dizendo:

– Agora, Bianca, temos que conversar seriamente. Já é hora de você fazer companhia aos meus convidados, deixar de ser copeira. Sua barriga está crescendo. Não podemos ter aqui qualquer criança. Então, desde já, deve saber que, quando a criança nascer, você deverá livrar-se dela se quiser continuar sob minha proteção.

– Senhora, como fazer companhia aos seus convidados? O que devo fazer? – perguntou, amedrontada com aquela conversa.

– Você deverá fazer tudo que os convidados lhe solicitarem – respondeu Carmem, com ar malicioso.

Bianca foi para o quarto e meditou em sua situação. Detestava o filho que crescia em seu ventre, pois sua existência fazia com que se lembrasse, constantemente, de Carlo, o homem que a infelicitou. Não tinha outras opções, além do medo de novas rejeições e violências que poderia encontrar em outros lugares fora dali. Resolveu, então, aceitar a oferta de Carmem para poder se vingar de todos os homens. Haveria de tirar proveito de todos e infelicitar quantos pudesse. À noite, auxiliada pelas outras, preparou-se para a estreia indigna.

"Que me importa, pensou, nada mais quero senão vingar-me".

Quando chegou ao salão, começou a beber um copo após o outro para ter coragem de dar o primeiro passo de sua nova vida. Carmem, por sua vez, já falara aos convidados especiais sobre a maravilhosa menina que faria a sua primeira aparição naquela noite. Ninguém supôs que a deslumbrante jovem, em um vestido audacioso, com rosto muito pintado, fosse a mesma simplória que servia as bebidas. Logo que entrou, todos os olhos se lhe pousaram em cima. Houve um verdadeiro leilão entre os homens presentes, na luta da primazia sobre Bianca.

Esta, visivelmente embriagada, nada sentia e, um após outro, os homens foram se aproveitando da infeliz. Sua alma se desligou, naquela noite, de toda a realidade. Construiu uma couraça em torno de si para se defender de qualquer sentimento que não fosse o profundo ódio que sentia, aumentado agora, pela humilhação da nova situação, o que a fez envelhecer, espiritualmente, muitos anos.

Devido às bebidas e às noitadas tresloucadas que promovia até o limite que seu estado físico podia suportar, aos oito meses sentiu que ia dar à luz.

Na casa, vivia uma velha senhora que acompanhava Carmem há muito tempo e que servia de parteira no lugar. Muitas moças precisavam de seus serviços, pois vivia a praticar o crime de truncar o nascimento de filhos indesejados que as jovens pupilas de Carmem ficavam esperando. Bianca foi até o quarto da mulher e bateu à porta.

– Dona Cota, por favor, ajude-me! É Bianca... Está na hora.

– Entre, menina, vamos ver isso. Deite-se aqui – respondeu-lhe a velha, abrindo a porta do quarto infecto.

Bianca deitou-se em uma cama imunda, na qual a velha dormia. O lugar cheirava a ranço, e o odor espalhava-se no ar de forma insuportável.

– De fato, mesmo prematuramente, você já está em trabalho de parto. A bolsa já arrebentou, e a dilatação está quase no ponto.

A velha preparou rapidamente alguns panos e, em uma bacia de aspecto asqueroso, despejou a água que fervia no pequeno fogão à lenha, no canto do quarto. A dor lancinante deixou a jovem coberta de suor. Não gritou porque o pano, entre seus dentes, não lhe permitiu fazê-lo. Após algumas horas de muitas tentativas, nasceu a criança.

– É um bambino – gritou a velha.

49

Na realidade, não queria nem vê-lo. Contudo, a velha lavou a criança, que emitiu estridente vagido, enrolou-a nos panos e a colocou nos braços de Bianca.

– Não, não quero. Tire essa criatura de meus braços – exclamou alucinada, combatendo o sentimento de ternura que a invadiu.

– Pois bem, então descanse um pouco, enquanto acalmo este bezerrinho.

Como a mãe recusava-se a amamentá-lo, a velha fez uma mistura de água e mel e colocou na boquinha da criança, que se aquietou. Bianca, após algum tempo, pediu à velha que chamasse um mensageiro, contratado antecipadamente, para que a servisse. Colocou o dobro do dinheiro usualmente cobrado por trabalho de entregas na mão do menino e pediu-lhe que deixasse o cesto com a criança em um beco, distante alguns quarteirões dali, onde havia grande movimento de transeuntes e, certamente, alguém, que o destino se encarregaria de arrumar, o encontraria. Poderia, então, acabar com aquele pesadelo que estava vivendo, sufocando seu instinto maternal, que parecia, às vezes, querer arrebentar em seu coração, mas que o tóxico do ódio proibia.

O máximo que seu rancor permitiu sentir, num repente materno, foi reconhecer que aquele pequenino não era culpado de nada, mas que a recordação que representava impedia qualquer possibilidade de aceitá-lo. Voltou ao quarto em prantos, sentindo-se febril, com sentimentos fortes misturando-se em sua alma, e informou a Carmem do acontecido.

– Como havíamos combinado, livrei-me da criança – revelou soluçando.

Carmem, no dia seguinte e sem que Bianca soubesse, foi à procura de informações perto de onde o mensageiro dissera ter deixado a criança. Encontrou em uma taberna, perto da Rua do Mercado, um antigo namorado que fazia parte do bando de Antônio, o bandoleiro. Começaram a beber, e o homem lhe contou que, na noite anterior, o chefe Antônio achara uma criança recém-nascida jogada no beco e que a levara para as montanhas, onde o bando se escondia.

De volta a casa, Carmem mandou chamar Bianca.

– Menina, fui colher informações sobre a criança que você teve e soube que foi encontrada morta hoje de manhã – mentiu a mulher, tentando desviar definitivamente a atenção da pobre moça sobre aquele assunto e deixando-a livre para sua nova vida no prostíbulo.

Bianca ficou com o rosto impassível, mas teve uma forte dor no peito, que não demonstrou a Carmem. Naquele momento, a angústia que sentiu não poderia ser comparada a nada pior. O mais incrível vazio, que só a morte ou a conformação obrigatória com o consequente endurecimento de sua alma poderiam resolver.

Antônio, um temido bandido, vivia com os homens que lhe formavam o bando, em uma fortaleza inexpugnável entre as montanhas. Às vezes, vinha à aldeia para beber, contar vantagens, namorar as mulheres nas tabernas. Numa dessas noites, caminhava trôpego, junto a um comparsa, em busca dos cavalos que deixaram no beco.

– Pois é, amigo, tenho que vir até aqui para conseguir uma mulher de verdade. Aquele traste que tenho em casa só serve para reclamar, chorar, rezar. Não aguento mais. Agora, então, com aquele filho no colo, deixa-me de lado, e nem que a espanque consigo fazê-la ser uma mulher que preste – reclamava ao companheiro.

– Paciência, chefe, você pode ter quantas mulheres quiser, mas Marieta está lhe dando um sucessor, isso é que é importante – lembrou-lhe o capanga, adulando o chefe.

Antônio era um rude homem, de aspecto grosseiro, com poucos cabelos, mas com o corpo coberto de pelos; a estatura elevada dava-lhe um ar grotesco, que impressionava aos que o viam.

Continuaram os dois, cambaleantes. Quando chegaram ao beco, na Rua do Mercado, escutaram um choro abafado.

– Você ouviu isso, chefe? – disse o comparsa, com os olhos esbugalhados.

– Parece um choro de criança. Vamos verificar – propôs, curioso.

Entraram no beco e, entre objetos velhos que se amontoavam a um canto, viram um cesto de palha. Identificaram o barulho que vinha do cesto. Antônio aproximou-se e levantou a coberta improvisada que cobria uma criança, achando, assim, o bebê de Bianca.

– Por todos os diabos! Olhe – exclamou –, é uma criança e, pelo jeito, acaba de nascer.

– Vamos pegá-la, chefe? – perguntou o outro homem, assustado.

O bandoleiro, após um momento de dúvida, resolveu que poderia tirar alguma vantagem daquela situação. Poderia vender a criança ou, quem sabe, fazer uma boa chantagem com quem a abandonara.

– Vamos lá, vamos levá-lo a Marieta, que pode muito bem tomar conta de mais um. Dei-lhe uns safanões outro dia, e aquele que se passa por médico disse que ela não poderá ter mais filhos. Chorou feito um bezerro desmamado. Quem sabe, se levar-lhe este, se acalma.

Pegou o cestinho com brutalidade, prendeu-o ao cavalo e partiu a caminho das montanhas. Chegou aos berros, fazendo com que o coração da esposa ficasse em sobressalto.

– Como é, mulher, a comida está pronta? Trouxe-lhe um presente.

Atirou o cesto sobre ela que, assustada, ouviu o choro estridente de uma criança. Pegou o bebê no colo e, sem saber por que, sentiu uma grande ternura invadir seu coração.

– Marieta, vai logo, mulher, ponha a minha comida, depois trate da criança – disse-lhe Antônio, irritado.

Com o pacotinho nos braços, a mulher pegou o caldeirão de sopa no fogão e levou-o ao marido. Sempre tivera muito medo de Antônio. Quando Giovani, seu filho, tinha acabado de nascer, ele chegou bêbado e, sem qualquer motivo, deu-lhe uma surra tão grande, que a fez ter uma forte hemorragia, ficando, por consequência, sem leite.

Após uma semana do acontecido, desesperada, rezou à Mãe Santíssima, de quem era devota:

– Senhora, auxiliai-me. O médico disse-me que não mais poderei ser mãe, mas não permitais que pelo menos este filho que trouxe ao mundo fique sem o precioso alimento materno. Sei que as crianças precisam do leite das mães para crescerem fortes e saudáveis. Portanto, Maria, Mãe de Jesus, Vós que Sois Mãe como eu, dai-me esta graça.

No outro dia, pela manhã, sentiu novamente o leite encher-lhe os seios. Agora, com aquele pequeno em seus braços, viu, na coincidência da chegada da criança com a volta do leite, uma resposta à sua prece.

Assim que serviu o jantar ao marido, sentou-se no leito e colocou a boquinha em seu seio. A criança sugou com avidez aquele líquido sagrado. Acalmou-se e fechou os olhinhos em um sono tranquilo. Marieta, então, tirou com cuidado os panos que o envolviam e colocou uma roupa limpinha de seu próprio filho. Constatou tratar-se de um menino, à semelhança de seu Giovani. A partir daquele dia, Giovani, seu filho, e Lucius, nome dado por Antônio ao filho adotivo, foram criados como dois irmãos. Foram crescendo, brincando, correndo, sempre com pedaços de pau, improvisando cavalinhos, simulando assaltos. Antônio mostrava aos dois, toda a vez que tornava das pilhagens, o produto dos roubos, dizendo:

– Estão vendo? Quero que vocês aprendam logo como conseguir as coisas. Prestem atenção ao seu pai, sigam o meu exemplo. Quando crescerem, deverão conduzir o bando, com o mesmo pulso com que o faço agora.

A troco de nada espancava as crianças. Bastava beber um pouco e lá vinha surra, para aprender, como dizia, a serem homens fortes e corajosos. Quando tinham apenas quatro anos, começaram a ir à aldeia, em companhia de Antônio.

Lucius era forte e de uma beleza que chamava a atenção. Nada fazia supor que nascera prematuro. Tinha a pele morena e os olhos verdes como duas esmeraldas, iguais aos de sua mãe. Seu rosto parecia o de um anjo, o que utilizava para tirar vantagens.

Antônio ia para a taberna e os deixava no mercado. No começo, pediam esmolas; depois, Lucius foi pensando em como ganhar mais dinheiro. Quando tinham oito anos, disse ao irmão, numa das idas ao mercado:

– Olha, Giovani – falava com a vozinha delicada –, o pai quer que levemos dinheiro. Podemos pedir esmolas e ganhar pouquinho, mas podemos também tirar dos bobos, o que acha?

– Não sei, não. Como vamos fazer? Somos muito pequenos – respondeu Giovani, com o rostinho assustado. Se nos pegarem, vamos apanhar.

– Você sempre medroso. Não viu o pai dizer que temos que ser homens fortes e corajosos?

– Então, diga-me, o que você está pensando?

– Vê o homem que vende ovos? – apontou com o pequeno dedo.

– Sim, vejo, e daí?

– Ele tem uma caixa com dinheiro por baixo da banca. Você corre, derruba a banca e, enquanto ele vai atrás de você, eu pego a caixa.

– Tenho medo, Lucius – disse o irmão, apavorado.

– Deixe de ser mole e vamos – obrigou o menino, puxando o outro pelo braço.

Os dois pequenos colocaram o plano em funcionamento. E como Lucius havia previsto tudo deu certo, porque Giovani, por ser pequeno, entrou debaixo das outras bancas, e ninguém conseguiu apanhá-lo. Ao voltarem às montanhas, contaram a Antônio, com detalhes, a primeira pilhagem que fizeram.

– Ótimo, ótimo, assim que eu gosto. Deixem-me ver o dinheiro – disse o homem, com a voz enrolada de tanto que bebera.

Lucius apresentou a caixa ao pai, que a abriu praguejando:

– Com mil diabos, está vazia.

Pegou a tala de couro que estava pendurada à parede, segurou as crianças e as castigou sem dó.

– Marieta, estes malandros vão para a cama sem o jantar, e ai de você se lhes der alguma coisa para comer – avisou aos gritos.

Desesperada com a brutalidade do marido, pegou as crianças, que estavam com as pernas e as costas marcadas pela tala, e colocou-as na cama. Mais tarde, quando Antônio cochilou, colocou duas maçãs sob as cobertas para que os pequenos comessem.

– Lucius – disse baixinho Giovani –, como foi que isso aconteceu? Você não falou que viu o dinheiro na caixa?

O garoto, contendo a custo o riso, tirou de dentro da calça uma porção de moedas.

– Veja, seu bobo, apanhamos do pai, mas agora o dinheiro é nosso.

Aos dez anos, já escolados e espertos, eram muitos os golpes que aplicavam. A última novidade era Giovani simular que passava mal. A ideia era de Lucius, punha um pouco de sabão na boca do irmão, que caía no chão, revirando os olhos. Lucius, com a cara de anjo, gritava: "Socorro, acudam, meu irmão está morrendo".

Sempre aparecia um coitado para ajudar. Lucius, então, enfiava a mão nos bolsos da pessoa, tirando-lhe, com incrível rapidez, o dinheiro que trazia.

Antônio ficava encantado com o discípulo e dizia sempre ao filho Giovani:

– Giovani, você é muito mole, medroso. Lucius parece mais meu filho de sangue do que você. Veja se aprende com ele.

Em contrapartida, Marieta, entristecida, via aquelas crianças crescendo no mal, em meio a toda a sorte de vícios. Um dia, sentou-se ao lado deles e lhes falou de modo sentido:

– Meus filhos, vocês não deveriam fazer o que Antônio diz, é errado. Deus fica muito desgostoso com os atos que vocês praticam. Devem mudar de vida e até sair daqui, se puderem.

– Mãe – perguntou-lhe Giovani –, por que a senhora nunca saiu? Vive apanhando, sendo maltratada, não sei como suporta. Eu e Lucius somos homens e aguentamos, mas a senhora, mãe, é mais fraca.

– Por isso mesmo, meu filho! Não tenho para onde ir, e seu pai por certo me mataria se tentasse escapar daqui.

– Não sei por que vocês reclamam – disse Lucius. – Temos comida, casa e o pai, apesar de nos bater, está nos preparando para um grande futuro.

– Grande futuro? – repetiu Marieta. – Você não sabe o que fala, o futuro do bandido é a morte ou a cadeia.

– Não é, não – argumentou Lucius. – Veja o pai, sempre com muito dinheiro no bolso, cheio de poder, todos o temem e fazem tudo o que ele manda.

– Lucius, você é o que mais me preocupa. Não sei por que é tão duro, sendo ainda tão criança.

– Por que deveria ser mole? Nasci não sei onde; não sei quem é o meu pai de verdade e minha mãe me jogou fora como se eu fosse lixo. Acho que pai Antônio tem razão, os fortes são os que vencem.

Marieta ficou com os olhos rasos d'água, sentindo um forte aperto no peito, e pensou: "Pobre criança, ninguém diz a idade que tem quando o ouve falar".

Antônio tinha contado, numa noite em que se embebedara, entre risos e caçoadas, toda a verdade a Lucius.

– Você, seu porqueira, eu encontrei no lixo. Se não fosse eu, hoje estaria morto. Portanto, sou mais seu pai do que aquele que o fez. Deve-me obediência, respeito e sua própria vida.

Aquela revelação, cheia de detalhes, penetrou a alma do menino. Sentiu um gosto amargo na boca, engoliu as lágrimas que lhe chegaram aos olhos e em voz alta jurou:

– Nunca gostarei de ninguém. Só eu contarei no mundo. Passarei sobre todos e tudo para atingir os meus objetivos. Serei um forte, serei um líder, e quem não obedecer será eliminado.

O tempo foi passando, e os jovens crescendo. Aos doze anos, já faziam parte dos assaltos de estrada. Eram bons cavaleiros e, pela leveza dos corpos, eram muito ágeis nas fugas. Muitas vezes, serviam de isca para que as carruagens parassem e o bando aproveitasse para assaltar.

Quando estavam com quatorze anos, Antônio os chamou, dizendo:

– Já estou velho, cansado, e acho que chegou a hora de vocês assumirem a chefia. Lucius tem demonstrado estar maduro para comandar os homens.

De fato, Lucius, com apenas quatorze anos, tinha desenvolvido um físico atlético e fortes braços. Ninguém poderia supor que era apenas um adolescente. No relacionamento com os homens de Antônio, era quase cruel; usava a força física e um chicote que sempre trazia à cintura e que, com a maior facilidade, fazia estalar naqueles que o contrariavam. Agora, o pai adotivo, ali à sua frente, estava dando-lhe carta branca, o que o encheu de vaidade e satisfação.

– Lucius, passo a você o comando do bando, por ter uma grande inteligência. Giovani deverá ser seu braço direito, mas as ordens, daqui para a frente, serão suas.

O jovem imediatamente mandou reunir o bando para informar que agora estava no comando e que as ações seriam rigorosamente planejadas.

– Quero saber quem tem dinheiro, quais nobres transitam pelas estradas, quero um mapa de todos os locais que possam servir de pontos estratégicos para as nossas ações.

Realmente, durante dez meses, o bando conseguiu dobrar os assaltos. Agiam com precisão e tornaram-se o desespero de todos os viajantes.

Certa tarde, Lucius estava sentado com Giovani, planejando um novo local de ataque, quando um informante se aproximou.

– Boa-tarde, senhor, trago-lhe uma informação que considero preciosa.

– Diga logo, que não tenho tempo a perder – respondeu Lucius de modo grosseiro.

– Há algum tempo, estou tirando informações sobre Fábio Monti, que administra as propriedades dos Monti e dos Turricceli. Costuma circular, em dia de pagamento, com soma bem grande em dinheiro, pois paga os empregados das duas fazendas.

– De fato – disse Lucius –, esta é uma boa informação. Quando o homem costuma transitar?

– Amanhã será dia. Deverá passar pela estrada por volta de oito horas da manhã – respondeu o informante.

– Está bem, faremos um plano e o executaremos com cuidado.

Mandou chamar alguns dos homens que o ajudavam no comando e projetaram o plano.

Na manhã seguinte, no ponto onde a estrada se estreitava, assim que perceberam o trotar dos cavalos, Giovani e Lucius pularam à frente da carruagem, dominaram o cocheiro e fizeram Fábio Monti entregar tudo o que transportava.

Fábio, desesperado, quando pressentiu que iria perder tudo, reagiu, e Lucius o baleou à queima-roupa. Giovani ainda acertou o cocheiro, mas este conseguiu fugir em busca de socorro. Já Fábio não teve a mesma sorte e sucumbiu ao ferimento.

Capítulo 5

O retorno

RETORNEMOS AO TEMPO EM QUE Carlo, ao partir para a França, imediatamente após a morte de Bruno, estabeleceu-se no escritório de Turricceli e enterrou-se no trabalho salvador. Viveu uma vida austera, só de trabalho, sem sequer ter um amigo, sem se divertir, sempre recolhido em si. Sua vida mudou radicalmente. Seu pensamento, nas horas de isolamento, buscava Bruno e Bianca. O que fora feito dela? Como teria agido com relação à criança? Estaria mesmo grávida? Seria isso verdade? Prometera a Bruno não mais procurá-la e cumprira fielmente sua promessa, apesar de seu coração clamar, a cada dia, por aquela que percebia, cada vez com mais intensidade, ter sido a única mulher que amara. Pensava na vida que desperdiçara pela própria insensatez, na possibilidade de ventura que havia jogado fora, além de ter provocado tanta infelicidade e dor.

E assim viveu durante dez anos, absorto no trabalho e na solidão, caminhando pelos sítios parisienses, onde seus olhos, porém, só conseguiam vislumbrar o passado. Todos os lugares, todas as pessoas, todos os convites, que a capital da Europa oferecia, eram elementos sem importância diante de sua dor, companheira única de seus dias.

Com aparência bem mais velha do que os quarenta anos de idade que realmente tinha, recebeu, em uma tarde, um portador que trazia notícias da Itália.

– Entre, senhor, trouxe notícias dos meus familiares? –indagou Carlo.

– Receio, senhor, que, desta vez, não sejam notícias agradáveis – informou-lhe o homem.

Ao abrir a carta que o homem lhe estendeu, leu surpreso que o pai falecera de súbito ataque cardíaco. Fábio pedia que ele voltasse à Itália para darem andamento à partilha dos bens. Carlo retornou sem sequer ter tido tempo de dar ao pai o último adeus. O funeral já havia acontecido, tendo em vista a rapidez com que os fatos se desenrolaram. Encontrou Fábio e Lívia à sua espera.

– Meus queridos, que saudades – abraçou-os comovido. – Como estão grandes os meus sobrinhos. – Beijou o casal de jovens que estava à porta esperando-o. – E você, Lívia, cada dia mais bonita.

A cunhada beijou Carlo com ternura e bondade.

– Como está seu pai, Lívia? Temos contato constantemente, através de correspondência, mas anseio por abraçá-lo pessoalmente.

– Por certo, estará também ansioso, esperando por você – respondeu a jovem senhora.

– E tia Pietra, como está?

– Muito debilitada. Após a morte de Bruno, que considerava realmente seu filho, ficou muito doente – disse Fábio –, e a morte de papai abalou-a mais profundamente ainda. Acreditamos que logo seguirá para junto deles.

Carlo foi para seu quarto, ficando com o coração apertado ao olhar novamente todos os locais que deixara havia dez anos. Toda a tragédia que se abatera sobre ele veio à lembrança, como se tivesse acabado de acontecer.

Na manhã seguinte, seguiu para a propriedade de Turricceli a fim de cumprimentá-lo, ouvir-lhe os conselhos e colocá-lo a par dos negócios.

– Meu amigo, que prazer em revê-lo – disse Francesco, abraçando-o de modo efusivo.

– Conde, não via a hora de lhe falar pessoalmente. Não sei como agradecer a ajuda que o senhor me deu, confiando-me os seus negócios na França.

– Nunca tive dúvida quanto à capacidade que estivera dormente dentro do grande homem que você é. Mas, agora, tenho algo mais importante para tratarmos. Acho que é chegada a hora de você resolver seus conflitos. Os anos se passaram. Você é hoje outro homem. Modificou-se no aspecto físico, mas, sobretudo, na alma. Deve ir à procura de seu filho e da mãe dele.

– Mas, Conde, prometi a Bruno nunca fazê-lo – respondeu Carlo, contrafeito.

– Por certo, quando Bruno lhe pediu isso, não queria que, naquele momento, você a procurasse, porque ela estaria extremamente fragilizada. Agora, o tempo passou, e é necessário que tenha conhecimento da verdade para ter paz dentro de você.

– Como encontrá-los, depois de tanto tempo?

– Tenho diversas pessoas a quem ajudo, espalhadas por todos os cantos dessas regiões. Pedirei que investiguem e, assim que tiver notícias, mandarei avisá-lo. Estou certo de que Deus secundará meus esforços.

Após uma semana, Turricceli foi à casa de Carlo, que não conseguira concatenar outro pensamento, senão o de começar a reparar o grande erro do passado.

– Venho para lhe contar o resultado das investigações.

– Oh, Conde! Conte-me tudo, por amor a Deus.

– Meu informante conseguiu saber, junto à família de Bianca, que a moça se prostituiu. O padrasto nunca a quis de volta, depois que a expulsou.

– Meu Deus, quanta tragédia! E eu o causador de tudo isso.

– Pois bem, existe uma casa famosa nos arredores da aldeia, não muito afastada, que pertence a uma tal Carmem, que há muitos anos explora jovens, principalmente da classe mais pobre, levando-as a se prostituírem com homens geralmente velhos e com dinheiro. Parece que, há muitos anos, Bianca passou por essa casa. Aqui está o endereço, se lhe interessa.

– Amanhã mesmo, irei à procura dessa tal mulher.

Carlo mal conseguiu dormir durante aquela noite. Na manhã seguinte, foi à procura de Carmem. Chegou ao endereço que o Conde lhe dera, bateu à porta e foi atendido por uma jovem que o confundiu com um cliente.

– Não acha um pouco cedo para nos visitar, senhor?

– Perdoe-me, gostaria de falar com Dona Carmem – disse de modo cavalheiresco.

– A quem devo anunciar?

– Carlo Monti.

A moça foi aos aposentos de Carmem avisar sobre a presença de um homem tão importante na casa.

– Bom-dia, senhor, quer falar-me? – inquiriu a matrona.

– Senhora Carmem? – perguntou Carlo, admirado com o péssimo aspecto físico da gorda mulher.

Naqueles dez anos, Carmem ficara obesa, relaxada e com aspecto vicioso.

– Sim, eu mesma, por favor, sente-se – pediu, afetando gentileza.

– Obrigado, gostaria de lhe falar sobre um assunto acontecido há muitos anos.

– Posso imaginar do que se trata, apesar de não conhecê-lo pessoalmente, conheço-o muito pelo nome.

– A senhora teve aqui, há cerca de dez anos, uma jovem de nome Bianca?

– Por que deveria dizê-lo ao senhor? perguntou com ar atrevido.

– Por favor, minha senhora, estou disposto a pagar um bom preço para obter alguma informação.

Carmem, num relance, lembrou-se da história de Bianca:

Após o nascimento do filho, ficara em sua casa por cinco anos. Sua vida era de uma pessoa desregrada, vivendo sempre encharcada de bebida, tendo até utilizado ópio por algumas vezes.

Lembrou-se do comerciante de muitas posses que, desde a primeira vez em que vira Bianca, ficara alucinadamente apaixonado e resolvera convidá-la a ter sua própria casa, dando a ela, em lugar bem afastado, um belo casarão para que fosse exclusivamente dele. Aceitou o convite e foi viver no casarão. Apenas não conseguiu ser fiel ao homem, como nunca fora a ninguém, naquela vida que vivia.

Logo após um ano, o homem morreu, e Bianca estabeleceu o próprio negócio de prostituição.

Carmem recordou as últimas palavras que a moça lhe dissera:

– Eu sempre lhe serei agradecida, Dona Carmem, porque, no momento mais difícil de minha vida, apenas a sua mão me apoiou. Hoje, vou viver fora daqui, iniciar nova etapa, mas nunca esquecerei sua ajuda.

– Você sabe, menina, que poderá contar sempre comigo.

– Então, quero lhe pedir um só favor, nunca conte a ninguém que possa vir me procurar, seja Bruno, Carlo, minha mãe, meu padrasto, ou alguém a mando deles, o meu paradeiro.

Carmem, apesar de tudo, gostava de Bianca e, agora, com Carlo Monti à sua frente, lembrava a promessa que fizera a ela e nada revelou.

– O que acontece, senhor, é que a menina viveu aqui por um tempo. Mas depois, foi embora sem dizer para onde. Dizem até que se casou com um comerciante rico e saiu da Itália.

Carlo ficou deprimido com a notícia e com o lugar horrível que, naquele momento, conhecia, imaginando que ali Bianca havia se asilado por sua culpa.

– Mas soube que esperava um filho, será isso verdade? – perguntou, fitando Carmem.

– É verdade e era seu, não é, senhor? – disse com impertinência.

Desconcertado, não soube o que responder.

– Quando Bianca chegou à minha casa, contou-me toda a história. O filho de vocês morreu alguns momentos após o parto, pois nasceu prematuro.

Carlo começou a sentir-se mal e resolveu ir embora. Reviu aquela história mil vezes. Seria verdade? Poderia acreditar naquela mulher?

Passados dois meses, Carmem se viu em dificuldades financeiras, ameaçada de prisão. Mandou chamar Carlo.

– Senhor, quando aqui esteve, há dois meses, não lhe contei toda a verdade. Hoje, tenho para lhe revelar um segredo que trago comigo há dez anos. Uma informação que só eu tenho e por isso vale muito dinheiro.

– A informação é sobre Bianca? – perguntou Carlo em grande expectativa.

– Não. Já lhe falei, deve ter deixado a Itália, nada mais soube dela – mentiu a mulher. – Porém, tenho outra informação muito mais importante, que poderei lhe fornecer mediante pagamento em ouro.

– Preciso avaliar se é mesmo importante, se for, darei o que a senhora me pede.

– A informação é sobre seu filho. Agora, se quiser mais, traga-me o ouro, e eu lhe conto tudo.

Carlo partiu em busca do metal precioso e, ansioso, voltou no mesmo dia.

– Eis aqui o que pediu – disse, entregando-lhe um pequeno saco de veludo negro.

Carmem despejou o conteúdo sobre a mesa. Os olhos da mulher faiscaram; várias moedas de ouro se espalharam reluzentes.

– Seu filho, senhor, está vivo, e nem Bianca sabe, pois nunca lhe contei.

– Vivo? Onde posso encontrá-lo? – perguntou, com o coração batendo-lhe na garganta.

– Seu filho foi recolhido, ainda recém-nascido, por Antônio, o bandoleiro. Foi criado por ele como se fosse seu. Hoje, é um pequeno delinquente, conhecido por todos como perigoso e cruel; seu nome é Lucius.

Carlo colocou as mãos no rosto e chorou com a alma partida. Saiu dali e procurou o informante do Conde Francesco para lhe pedir que fizesse investigações e visse a possibilidade de encontrar o menino. Desesperado como pai, mesmo tão tarde, ainda tinha a esperança de algo fazer pela criança que colocou no mundo e que deixara se perder.

O informante fez tudo o que pôde, mas não conseguiu chegar nem perto do bando, que morava em uma verdadeira fortaleza nas montanhas.

Por três anos, Carlo continuou tentando, mas acabou se desiludindo depois de esgotar todos os recursos. Gastou muito dinheiro, recorreu a todos, mas tudo em vão.

Continuou sua vida, não só auxiliando Turicceli, mas também administrando seus próprios bens, que recebera de herança do pai, repetindo a situação de isolamento e trabalho que tivera na França, piorada agora pelo conhecimento da infeliz verdade.

Tia Pietra, após um ano de viuvez, veio a falecer, e Fábio, com a esposa e os filhos, vivia com Turricceli. Carlo ficou sozinho, convivendo apenas com seus remorsos.

A exemplo de Turricceli, melhorou as condições de vida dos empregados e, principalmente, das crianças. Não media recursos para favorecer aos mais necessitados.

Enviava, anonimamente, ajuda aos pais de Bianca, sem que esses nunca soubessem quem os auxiliava.

Uma tarde, Carlo, sentado no escritório às voltas com a escrituração, viu um criado chegar aflito, dizendo:

– Senhor, aconteceu uma tragédia.

– O que aconteceu? Diga-me depressa.

– Seu irmão, o senhor Fábio, sofreu um assalto na estrada e, infelizmente, está morto.

– Morto? – perguntou transtornado.

– Sim, o conhecido bando de Antônio, o bandoleiro, que nos últimos tempos tira o sossego dos viajantes, soube que seu irmão transportava o pagamento dos empregados das fazendas e em uma emboscada o mataram. Parece que seu irmão tentou reagir e levou um tiro à queima-roupa.

Carlo saiu apressado em busca de maiores informações. Foi falar com o policial responsável pelas investigações, que o recebeu solícito.

– Senhor Carlo Monti, não mediremos esforços para apanharmos o assassino. Ele fugiu, mas estaremos à caça dele, sem tréguas. O cocheiro, que também foi baleado, mas não mortalmente, conseguiu solicitar ajuda. Afirma ele que seu irmão foi morto por um dos filhos de Antônio.

O coração de Carlo gelou. Teria sido Lucius? Não, por Deus – pensou –, não suportaria mais essa tragédia.

– Devo providenciar o funeral de meu irmão e, assim que puder, voltarei aqui para obter maiores detalhes.

Foi à casa de Turricceli levar a notícia à cunhada.

O Conde, assim que Carlo foi anunciado, foi ao encontro dele, sem supor a terrível notícia de que era portador.

– Meu caro Conde, parece que estou assinalado com a marca do terror. Novamente, quer o destino castigar-me.

– Por Deus, Carlo, o que aconteceu? – perguntou aflito.

– Agora é Fábio, está morto – revelou com imensa dor.

– O quê? Morto? E como isso aconteceu?

Carlo relatou como tudo se passara.

– Agora, temos que confortar Lívia e as crianças. Peço-lhe, Conde, que me ajude a dar-lhe a triste notícia.

Mandaram, então, chamar Lívia, contando a ela sobre a morte do marido.

A jovem senhora desesperou-se, chorou sentidamente, chamou os filhos e os colocou também a par do ocorrido.

Os jovens choraram intensamente a perda do pai .

Carlo e o Conde providenciaram o funeral de Fábio. O velório transcorreu na propriedade dos Turricceli.

O esquife negro, com alças de cobre e com apenas um pequeno visor, só permitiu que se visse o rosto, ainda jovem, de Fábio.

Sobre o caixão, a flâmula com o brasão dos Monti. A sala, toda paramentada de cortinas negras, dava o tom triste e saudoso, acompanhando o sentimento que ia em todos os corações.

Após o réquiem, o féretro foi colocado em uma carruagem luxuosa, puxada por quatro garbosos cavalos negros, trazendo, em suas cabeças, plumas vermelhas e que, num trotar harmônico e elegante, conduziram o corpo de Fábio à sua última morada. O jazigo da família Monti ficava nos arredores da propriedade de Enrico, e a distância foi percorrida com o acompanhamento de diversas pessoas, de todos os níveis sociais.

A cavalo seguiam os nobres, não só da região, mas tantos outros que vieram com o propósito de trazer a última despedida ao jovem assassinado.

Esses cavaleiros ladeavam a carruagem de Lívia e seus filhos, que não podiam conter o pranto de emoção naquele momento de tanta dor.

A pé seguiam os trabalhadores de Turricceli, verdadeiramente sentidos com o passamento do jovem patrão que, a exemplo do sogro, tanto fizera em benefício de todos.

Assim, a triste comitiva, acompanhando as últimas preces, viu Fábio ser sepultado ao lado de seus pais e de Bruno, seu irmão menor, que o tinham precedido no leito de morte.

Após o sepultamento, Carlo retornou à aldeia para falar novamente com o Chefe de Polícia.

– Então, senhor? Mais notícias? – perguntou.

– Sim, parece que foi mesmo Lucius, o filho de criação de Antônio, quem atirou em seu irmão.

Carlo, lívido, pensou:

"Meu Deus, como estou sendo castigado severamente. Não consegui achar meu filho, e, agora, tornou-se assassino de meu próprio irmão".

Com esforço, disse ao Chefe de Polícia:

– Gostaria de ficar informado sobre as providências e resultados de suas investigações. Assim que tiver qualquer notícia, queira mandar me avisar, por gentileza.

Despediu-se e voltou para casa com sua terrível dor.

O Chefe de Polícia colocou todos os homens disponíveis à caça de Lucius e, após três dias, em emboscada, na qual houve acirrada troca de tiros, conseguiu prendê-lo. Foi fortemente espancado e jogado em uma cela imunda, sem qualquer alimento.

O Chefe de Polícia exultou com a prisão de Lucius. O jovem era considerado como uma figura impossível de ser capturada. Achou que seu feito iria alegrar Carlo Monti e procurou judiar bem do prisioneiro para valorizar seu trabalho. Por conta disso, só mandou avisar Carlo após o terceiro dia da prisão.

O mensageiro chegou com a notícia a Carlo que, imediatamente, dirigiu-se à aldeia na esperança de, por fim, ver o rosto de seu filho.

Mas Lucius, que fora retirado da cela para esperar Carlo Monti, buscando forças não se sabe de onde, dominou o guarda que o conduzia e, usando-o como refém, conseguiu escapar da prisão.

Quando Carlo chegou, ansioso, teve a notícia da fuga de Lucius.

Aqueles poucos dias de prisão, a pão e água, e os espancamentos violentos que sofrera o deixaram debilitado fisicamente. Foi obrigado a se esconder em lugares diversos, pois a montanha, onde vivia, ficou vulnerável com sua ausência.

A busca recomeçou implacável. Nada poderia demover o Chefe de Polícia de recapturar o rapaz, até por uma questão de honra.

O julgamento foi à revelia e houve condenação à pena de morte por enforcamento. Após onze meses de fuga, escondendo-se de canto a canto, cansado e doente, foi surpreendido em uma caverna e novamente preso.

Ao chegar, com as mãos amarradas às costas, barba grande, muito magro, cambaleante, foi brutalmente espancado, sofrendo forte hemorragia interna.

Quando o Chefe percebeu que passara dos limites no espancamento, ficou com medo de o prisioneiro morrer antes de dar conta a Carlo Monti. Mandou, então, chamá-lo com urgência. Mas, quando chegou, Lucius já estava morto.

Buscou todo seu autocontrole, que sempre lhe serviu como arma e foi ver o filho. Atrás da barba longa, podia adivinhar um rosto jovem. Seu coração não podia suportar tanto sofrimento. Recolheu-se a um canto solitário e chorou, dando vazão a toda a sua amargura.

Sem que o Chefe de Polícia nada entendesse, pediu para que se providenciasse o necessário para o sepultamento, que seria custeado por ele mesmo. Voltou para casa relembrando o momento em que fitou o rosto do filho pela primeira e última vez.

Tudo o que acontecera, naqueles quinze anos, voltou-lhe à mente com todo o sofrimento.

Se sua Bianca pudesse estar com ele naquele momento, tinha a certeza, também estaria louca de dor. Mas ela, de acordo com a informação de Carmem, sequer sabia da existência daquele filho, que pensava estar morto e que foi o produto de um amor, tão tardiamente descoberto por ele.

Após todas as providências tomadas pelo Chefe de Polícia, Carlo foi ao funeral de Lucius. Somente ele estava presente. Os comparsas e Giovani, por motivos óbvios, não poderiam comparecer.

Acompanhou o caixão, colocado em uma carroça pelos guardas da prisão. Quando chegou ao cemitério, viu, em um canto, uma mulher vestida de preto, com um lenço na cabeça, ela chorava copiosamente. Após o sepultamento simples, tão contrastante com a pompa do sepultamento de Fábio, Carlo dirigiu-se à mulher, perguntando:

– Senhora, desculpe-me, conhecia o jovem Lucius?

– Sim, senhor, era meu filho.

Carlo, surpreso, colocou as mãos sobre o ombro da mulher, e encaminharam-se para um banco, sob uma árvore frondosa. Sentaram-se, e delicadamente Carlo indagou:

– Como a senhora se chama?

– Chamo-me Marieta – respondeu-lhe a mulher.

– Poderia contar-me alguma coisa sobre seu filho, por favor?

Marieta, que sentiu no bondoso olhar cor de mel tratar-se de um amigo, começou a contar-lhe tudo, sem saber por que, sem sequer lhe perguntar o nome.

– Tudo começou assim, senhor... – narrou a Carlo toda a sua vida e a dos filhos Giovani e Lucius. Não omitiu nenhum detalhe, desde o dia em que o marido achara Lucius até aquele momento de seu sepultamento.

Carlo ficou transtornado, não conseguiu conter o pranto, que explodiu como um rio há muito tempo represado.

Abraçou aquela pobre mulher à sua frente e lhe disse:

– Senhora, sou o verdadeiro pai de Lucius. Só hoje o encontrei, após tantos anos de procura. Sou o único culpado de toda essa tragédia. Mas, daqui para a frente, a senhora pode contar comigo. Pode vir morar em minha casa, terá a minha proteção até o final de sua vida.

Abraçados, caminharam vacilantes, unidos na mesma dor.

Capítulo 6

A decadência

QUANDO A NOTÍCIA DA MORTE de Lucius se espalhou, Carmem também ficou sabendo. O remorso tomou conta, pela primeira vez, daquele coração. Eram passados quinze anos, e ela já estava velha. Possivelmente, não viveria muito mais e considerou que já era tempo de procurar Bianca para lhe contar o terrível segredo que guardou por tanto tempo. Mandou buscar uma charrete e foi à procura da antiga protegida.

Depois de algum tempo de viagem, chegou ao casarão, bateu à porta e, quando foi atendida pela criada, pediu para falar com a dona da casa.

– Boa-tarde, meu nome é Carmem, posso falar com sua patroa?

– Não sei se ela está em condição de recebê-la, mas irei verificar – respondeu-lhe a criada.

– Dona Bianca, está aqui uma mulher que deseja lhe falar e disse chamar-se Carmem.

Bianca estava jogada na cama, desarrumada, despenteada e, apesar de ter apenas trinta e um anos, havia envelhecido muito, tinha profundas olheiras e apresentava um aspecto deplorável. Abriu os olhos com dificuldade e respondeu:

– Carmem, quem é Carmem? – sua voz pastosa denunciava estar alcoolizada, e seu raciocínio, embotado pela bebida, era lento. Aos poucos, começou a sair do torpor que a invadia e veio-lhe à lembrança a mulher com quem viveu por cinco anos.

Levantou-se com dificuldade, sentou-se em uma poltrona ao lado da cama, ajeitou os cabelos com as mãos e disse à criada:

– Mande-a entrar.

– Por favor, senhora, Dona Bianca vai recebê-la em seu quarto; está um pouco adoentada e pede desculpas por não vir à sala.

Carmem foi ao quarto de Bianca, a quem não via há dez anos. O choque foi enorme, onde estaria a bela jovem que conhecera? O que havia se passado para que estivesse tão alquebrada?

– Com licença? – pediu um pouco amedrontada.

– Entre, estou aqui, Dona Carmem, quanto tempo, não?

– Bianca – disse, achegando-se e abraçando-a com emoção –, como vai você? São dez anos, desde que nos falamos pela última vez.

– Por certo, o tempo passou célere. O que a traz à minha procura?

– Tenho algumas notícias a Ihe dar e algumas revelações para lhe fazer.

– Então, sente-se, e vamos conversar.

– Antes, Bianca, conte-me o que você fez nestes dez anos.

– Quando saí de sua casa, pensava que poderia ter uma nova vida. Encontrei aquele bom homem que, apaixonado por mim, fazia todas as minhas vontades. Mas quis o destino que, logo após um ano, viesse a falecer. Novamente sozinha, sem recursos financeiros, apenas com este casarão, que era o que me restava, tive que tomar uma decisão. Lembrei-me das coisas que aprendi em sua casa e resolvi ter aqui uma espécie de sociedade íntima, onde recebia os convidados.

Essas coisas, Carmem já conhecia, pois uma das moças da casa de Bianca lhe havia contado.

– Algumas moças que vieram de Paris – prosseguiu –, junto a uma amiga comum, iniciaram comigo uma casa semelhante à sua. Mas, na realidade, o passado esteve sempre presente em minha memória. Por mais que eu não quisesse, sempre a lembrança de minha juventude, com todas as tristezas que a senhora conhece, voltava-me à memória. Apesar de ter o filho morto, olhava todos os meninos que pudessem ter sua idade, tentando adivinhar como seria seu rosto se estivesse vivo. Essa ideia constante martelou minha cabeça sem parar por todos esses anos.

– Pois bem, filha, é a respeito disso que quero lhe falar – disse Carmem, receosa. – Há três ou quatro anos, fui procurada por Carlo Monti, que vinha saber notícias suas.

Quando Bianca ouviu aquele nome, empalideceu, sentiu-se tão mal que parecia estar morrendo. Carmem correu-lhe em socorro quando a viu sufocar, desabotoou-lhe a blusa, fechada até o pescoço, e abanou-lhe o rosto com o leque que sempre trazia às mãos.

– Quer que chame alguém? Quer um médico? – disse, aflita.

– Não, já estou melhor. Só de ouvir esse nome, sinto-me morrer. Mas continue, por favor.

– Como eu lhe prometi, nada contei sobre seu paradeiro, mas fiz a ele uma grande revelação, que pretendo lhe fazer agora.

– Do que se trata? – perguntou, pressentindo que algo muito difícil estava para lhe ser revelado.

– Quando seu filho nasceu, e você não mais o quis, disse-lhe que ele havia morrido, mas não era verdade.

– Como não era verdade? – Bianca, como se tivesse recebido um forte jato de água fria no rosto, despertou do torpor que a envolvia e, com a face em fogo, encarou Carmem.

75

– Perdão – disse, ajoelhando-se aos pés da moça –, não poderia morrer com esse peso na consciência. Menti a você para seu bem, sabia que, só se o soubesse morto, você se entregaria ao trabalho da casa.

– A senhora não tinha esse direito. Procurei por todos esses anos, em cada rosto de criança, a face de meu filho, na certeza cruel de que tinha contribuído para sua morte ao abandoná-lo. Sofri, entreguei-me a toda a sorte de vícios, buscando o esquecimento. Abusei de minha saúde, até que as forças me faltaram. Hoje, estou gravemente doente em consequência da vida que levei. A senhora não pode supor o mal que me fez.

– E não é só, menina – disse-lhe Carmem, usando a expressão com que sempre se dirigira a ela.

– Por Deus, conte-me logo tudo. Dê o último golpe para definitivamente me aniquilar.

– Lucius, como seu filho foi chamado, na mesma noite em que você o abandonou, foi recolhido por um bandido de nome Antônio, que o criou como seu próprio filho.

– O que me diz? Onde está meu filho? Quero vê-lo.

– Infelizmente, menina, não é mais possível, pois, agora, definitivamente, está morto.

– Como, morto? Deveria ser, agora, apenas um adolescente. Deveria estar com quinze anos, somente.

– Mas tornou-se um bandido, tal e qual o pai de criação. Matou o tio Fábio Monti em um assalto de estrada e, depois de muito sofrimento na prisão, acabou por não suportar e veio a falecer.

Bianca não tinha nenhuma lágrima para chorar, seus olhos estavam secos, seu coração estava seco, sua alma estava seca.

– Por favor, vá embora. Nunca mais quero vê-la. Saia imediatamente de minha casa – pediu, alucinada.

Carmem não discutiu, sentindo até certo alívio em sair dali, levando em sua memória a face atormentada daquela mulher que só sofrimento recolheu em sua existência.

76

Bianca ficou só; não sabia como ainda estava viva depois de toda aquela revelação. Estava muito doente. A vida desregrada que levara até ali lhe ocasionou uma doença gravíssima. Era portadora de sífilis em fase avançada, moléstia que fazia com que sofresse dores fortíssimas no abdome e na região genital. Seu pulso estava muito acelerado pela doença que dominava seu corpo e pelas fortes emoções que acabava de sofrer.

Os dias não passavam, arrastavam-se. Depois daquela visita horrível, entrou em extrema agonia, embriagou-se sem parar, não se alimentava. Os criados da casa estavam assustados com a situação em que a patroa se encontrava. A sua criada de quarto, que a acompanhava desde que ali chegara, uma tarde, tentou lhe falar:

– Senhora, tente reagir, tratar-se, lembre-se do senhor que aqui nos trouxe, ele a queria tão bem e lhe deu tantos conselhos.

Bianca, com olhar embaçado, acompanhava as palavras da serviçal e lembrou-se, naquele momento, da única pessoa na vida, depois que deixara a casa da mãe, que lhe dera bons conselhos. O comerciante a amava sinceramente e tentou, ao levá-la da casa de Carmem, fazê-la trocar de vida. Uma tarde em que a visitara, pegara em suas mãos com carinho e lhe dissera:

– Você é quase uma menina, Bianca, sirvo-lhe de pai, tenho cinquenta e oito anos, já vivi mais do que o dobro de sua idade. Tente mudar, esquecer o passado. Procure alguma atividade que lhe traga paz ao coração. Se perdeu seu filho, procure uma criança que precise de ajuda, dedique-se ao bem do próximo, e essa amargura que tem em seu peito se dissolverá.

Mas ela não deu ouvidos aos bons conselhos do companheiro, que lhe servia mais de pai do que de amante. Pouco exigia dela. Gostava de estar ao seu lado, conversar acariciando-lhe as mãos, sempre tentando fazê-la mais feliz. Agora nada mais adiantava, queria mesmo morrer, acabar com a amargura que sempre existira em sua vida.

Era um dia de intenso frio. Bianca, sentindo dores por todo o corpo, começou a beber sem parar. Depois de anoitecer, saiu pelas ruas, ébria e sem rumo. A chuva fina caía pela noite, e o vento cortante deixava as ruas desertas. Totalmente extenuada, perdeu os sentidos e caiu na sarjeta. Suas pernas ficaram estendidas em meio à água corrente, que se esvaía sem parar, renteando o meio-fio. No meio da noite, uma carroça se aproximou. Estavam nela uma mulher com um xale que lhe envolvia a cabeça e os ombros, acompanhada de um jovem de compleição robusta. Quando viram Bianca caída, pararam a carroça, retiraram uma padiola e, enfrentando a noite de inverno, dirigiram-se ao seu encontro, como se já soubessem estar ali uma criatura de Deus, à espera de socorro.

– Enzo, ajude-me a colocar nossa nova hóspede na padiola.

– Pois não, Madame Colette – respondeu o jovem, solícito, auxiliando-a com carinho.

Recolheram-na, delicadamente, colocando-a na parte traseira da carroça, e seguiram para o local onde viviam.

Capítulo 7

Colette

– VENHA, VOVÓ, VENHA BRINCAR conosco! – convidava ofegante a menina Colette, que brincava de ciranda com os filhos dos criados do castelo onde morava.

– Minha filha, minha filha! – respondia-lhe a matrona simpática, que caminhava elegantemente trajada ao encontro da pequenina Colette. – Quantas vezes tenho que lhe alertar sobre essa sua mania de brincar com a criadagem?! – sussurrava-lhe sua avó para não ser indelicada com os presentes.

– Mas, vovó Claire – retrucava imediatamente a criança, perdendo o sorriso gracioso que apresentava até há pouco –, por mais que me esforce, não consigo entender esta proibição absurda. Qual a diferença verdadeira entre meus amiguinhos e eu? Gostamos de partilhar dos mesmos jogos, temos fome e sede igualmente, moramos na mesma propriedade que Deus nos emprestou, crescemos e envelhecemos, adoecemos e voltamos ao Céu da mesma forma. Em que somos diferentes?

– Querida Colette – argumentava pacientemente a senhora –, também por minha vez concordo com suas ideias de igualdade entre todos, mas, infelizmente, meu bem, pertencemos a uma outra classe social. A você pertencem todas essas terras que se perdem de vista. Você é a filha da mais tradicional família francesa, descendente direta da nobreza gálica. Como, então, não assumir sua posição?

– Vovó, eu a amo profundamente, como sempre lhe digo quando desfruto do seu colo macio e amigo. Mas este seu receio não deveria existir. Exaltar a diferença entre filhos de um mesmo Deus não combina com sua bondade. Afinal, nascemos aqui e acolá com bolsas de dinheiro e títulos diferentes, segundo as diversidades sociais que o homem criou, mas tenho certeza de que, de onde viemos e para onde todos, um dia, voltaremos, Deus não nos vê com nenhuma diferença. Somos todos, igualmente, Seus filhos.

A senhora deixou cair uma lágrima de emoção frente aos argumentos seguros e elevados daquela menina.

– Meu Deus, minha querida! Não posso crer como só conte dez primaveras e consiga concatenar essas ideias. Ideias tão cheias de beleza e justiça, mas que estamos tão distantes de poder praticá-las, diante de um mundo tão cruel em que ainda nos encontramos. Temo tanto por você, meu bem!

– Não se preocupe, vovó. Todos nós ainda compreenderemos que somos todos irmãos, que devemos conviver e nos amar como Jesus nos ensinou.

E voltaram, avó e neta, de mãos dadas, rumo à entrada lateral do imponente castelo, margeada por um estupendo jardim de tulipas e graciosas folhagens impecavelmente cuidadas, não conseguindo a velha senhora articular nenhuma outra palavra diante daquela criança especial, por quem nutria tanto afeto, mas que, ao mesmo tempo, a deixava tão cheia de preocupações, devido às ideias estranhas que defendia. Não conseguia entender de onde havia aprendido tais conceitos.

Adentrando no suntuoso salão, ricamente decorado com numerosas obras de arte, a vivaz menina pediu licença à avó e, com passos ligeiros, subiu a escadaria, tocando descalça, com os sapatos nas mãos, os finos tapetes persas que revestiam cada degrau, onde, no átrio acima, a esperava uma aia para auxiliá-la no banho vespertino.

Claire, a aristocrática senhora, sentou-se, então, em sua poltrona predileta, que ficava na biblioteca imensa, com uma coleção de mais de dois mil volumes, os quais preenchiam as quatro extensas prateleiras laterais, escolhendo um volume de poesias que muito apreciava. Mas seu olhar não conseguia se fixar nas letras do livro, divagando sobre a netinha querida. Relembrava aquela menina que falou com um ano de idade, andou com nove meses, nunca se contentou com as futilidades e mimos que poderia desfrutar, sempre preferindo a companhia dos serviçais a coleguinhas de mesmo nível social. Sempre estudou com afinco e aprendia com uma facilidade espantosa. Falava corretamente sua língua natal e também o italiano, que aprendera conversando com Carmela, a cozinheira napolitana do castelo, assim como utilizava o inglês sem dificuldade junto ao seu preceptor.

– Meu Deus! – exclamava em voz alta, sem se dar conta, aquela senhora – de onde vem essa criança que tem no olhar, impróprio para sua idade, como que séculos de conhecimentos encasulados? Quem é essa minha neta que mais parece uma avezinha exilada em um mundo estranho, já que não se identifica com as facilidades que sua nobre estirpe lhe proporciona? De onde traz esses conceitos próprios, como se entendesse o Criador e Suas criaturas melhor do que o próprio clero?

E abandonou o volume distraidamente sobre o assento, voltando, com passos vagarosos, dispersa em suas reflexões, para seus aposentos.

Depois de aproximadamente uma hora, ouviu-se a sineta que anunciava, sempre pontualmente, que o jantar estava servido. Sentaram-se, então, à grande mesa, repleta de arranjos que a enfeitavam faustosamente para a ceia, os componentes da nobre família, cujo senhor fazia questão, como rezava a tradição, de reunir no ritual das refeições.

Após a conclusão da sequência característica de pratos que compunham uma refeição, é que iniciavam breve conversação ou dedicavam-se a ouvir um pouco de música, atividade que Colette tinha muito prazer em praticar, já que também se destacava no manejo do cravo, que permanecia na sala de estar central.

Quando já se preparavam, após tais rituais domésticos que se repetiam quase todas as noites, para se recolherem em seus quartos, Colette correu ao encontro de sua avó, que observava o céu estrelado acompanhado de uma Lua clara, cuja luz iluminava naturalmente aquela varanda, e a fitou demoradamente antes de lhe dirigir a palavra.

– Que foi, querida? Por que me olha tão fixamente? Sujei o vestido com algum molho do prato desta noite?

– Não, vovó. É que a senhora não me apresentou esse simpático senhor que está sorrindo a seu lado e parece refletir a luz da Lua.

A senhora sentiu um arrepio correr-lhe a espinha, deu uma volta completa sobre si mesma e perguntou assustada:

– Que homem, menina? Está querendo assustar a sua vovó?

– Imagine só, vovó! Como poderia eu querer assustá-la? Eu só queria ser educada e responder ao cumprimento de boa-noite que esse distinto senhor dirigiu-me quando me aproximava da senhora.

A velha senhora, assustadíssima, tomou a criança pelas mãos e deixou rapidamente aquele lugar, repreendendo a neta para que não fizesse brincadeiras daquele tipo com ninguém, pois não era de bom-tom.

Colette divertia-se diante do sorriso agradável daquele homem que se despedia com um aceno após o susto que, sem intenção, provocara em sua avó, que acabou por achar que tudo não passara de uma brincadeira que a neta estava fazendo com ela.

A manhã seguinte anunciou-se radiosa. O número de passarinhos que habitava nos arbustos e arvoredos daqueles encantadores jardins em volta do castelo era enorme, produzindo, todas as manhãs, uma festa de gorjeios diversos e melodiosos.

O astro-rei brilhava, proporcionando maior nitidez ao contraste de cores que a natureza e o luxo arquitetônico e paisagístico daquele lugar guardavam.

Colette, como de hábito, deixara o leito bem cedo. Ia para o seu cavalgar matutino, dirigindo-se a uma bela colina, de onde se podia avistar todo o vale em cujo centro erguia-se o castelo. Lá fazia suas orações iniciais, solicitando um feliz dia, durante o qual pudesse aproveitar utilmente as oportunidades de que dispunha.

Agradecia em cada prece desde os animaizinhos e as plantas que a cercavam, e por quem tinha tantos cuidados, até por sua família, amigos, sofredores e doentes. Fazia questão de citar todos os nomes, o que a fazia demorar um bom tempo, até terminar suas rogativas.

Nessa bela manhã, ao abrir seus pequenos e claros olhos azuis, após suas orações, viu ao seu lado o mesmo homem que estava junto à sua avó, na noite anterior, e que a ela agora, em meio a um bonito sorriso, dirigiu seus cumprimentos:

– Bom-dia, Colette, que bom revê-la! Repeti as palavras que você dirigiu ao Nosso Pai, sem lhe pedir permissão. Desculpe-me, não resisti ao prazer de acompanhá-la.

– Não há problema, senhor! Que bom que aprecia também o hábito de orar! Sabe que é um dos momentos em que me sinto melhor? Pena não poder fazê-lo mais vezes, já que tenho tantas atividades de estudo durante o dia.

– Concordo com a senhorita de que a satisfação proporcionada pelos momentos em que meditamos, vibrando junto ao Criador, são inigualáveis!

– Nossa! Não é que nem parei para pensar como o senhor me conhece e eu nem sei o seu nome ainda!

– Não se culpe por isso, pois a culpa é só minha. Fui eu quem apareceu de repente, apesar de já há muito estar próximo e desejar ter de novo o privilégio de dialogar com você.

– Não entendi. Fala como se nos conhecêssemos há tempos. Apesar de seu semblante me ser familiar e sentir-me estranhamente à vontade a seu lado, não me recordo de onde o conheço.

– Pois eu lhe digo que não é dessa vida que nos conhecemos e mantemos vivo um profundo afeto. Eu não pertenço ao mundo dos vivos agora, Colette, embora esteja tão vivo como você, vê?

– Quer dizer que o senhor já morreu? Isto é, morreu, mas continua vivo?!? Então, é um fantasma? Mas nem usa um capuz branco com dois orifícios para os olhos?

Após gostosa gargalhada diante da observação infantil, aquele Espírito lhe falou:

– Colette, meu nome é Agnelo, mas se você se esforçar, verá que acabará se recordando de mim, como já se recordou de tantas outras coisas que havia aprendido em outras vidas.

– Quer dizer então que temos outras existências? É por isso que temos a felicidade de versarmos sobre certos assuntos sem entendermos o porquê, assim como a impressão de que já conhecemos pessoas ou lugares que supostamente nunca havíamos visto?

– Sim, é isso mesmo! Deus, em Sua infinita bondade, permite a graça de renascermos e permitiu que agora nos reuníssemos novamente, apesar de nos encontrarmos em dimensões diferentes, para conseguirmos realizar o que prometemos cumprir antes de você retornar à experiência física, para contribuirmos na instalação de um mundo mais justo e feliz para todos, como o quer Nosso Pai.

– Que lindo isso que acabou de dizer, senhor Agnelo. Eu sabia que Deus não podia ter deixado de ouvir minhas preces, assim como também tenho certeza de que Ele é justo e bom e não haveria de criar as diferenças e sofrimentos que existem no mundo, alimentados pelos próprios homens.

– Isso mesmo, minha querida. A Inteligência Suprema é toda bondade e aguarda ansiosa nossa disposição em servi-la.

– Sinto meu coração explodir de alegria, sem entender o porquê.

– O meu está da mesma forma. Posso lhe pedir um abraço?

– É claro, senhor Agnelo, com prazer!

E a criança correu aos braços daquele que só ela podia sentir, selando, naquele momento sublime, a data do novo reencontro daquelas almas iluminadas, separadas apenas pela densidade da matéria, mas em união perene de seus corações e mentes, união que atravessava a vastidão dos séculos.

Assim cresceu a menina Colette. Cercada do luxo e pompa que seu berço de ouro proporcionava, mas sempre vivendo modestamente, atenta somente aos estudos, ao cuidado com os necessitados, ao bem-estar e à amizade com os criados, às confabulações amigas com sua avó e aos passeios àquela colina onde, desde aquela manhã especial, encontrou-se com seu sempre companheiro de outras vidas, Agnelo.

Sua avó, agora desfrutando de menos tempo junto à sua neta predileta, sempre a alertava:

– Menina – continuava a chamar assim a bela mulher que a neta se transformara aos seus dezenove anos de vida –, você não aprende mesmo! Como se não bastassem as suas ideias revolucionárias e perigosas interpretações religiosas, também continua mantendo essa mania de dizer que fala com os mortos. Lembre-se de Joana D'Arc. Confabulava com São Miguel Arcanjo e Santa Catarina, que dizia instruí-la para nos salvar das mãos dos ingleses, e veja o seu fim: apesar de seu heroísmo, foi queimada viva. Queimada viva, minha filha!!!

– Vovó, não se preocupe. Joana D'Arc também ouvia Santa Margarida, a senhora esqueceu? – retrucava com bom humor Colette. – Deus lhe permitia ouvir esses Espíritos, que nada mais são do que nós próprios sem o envoltório carnal pesado, para que a ajudassem a reconquistar nossa pátria como nação, assim como, para que aprendêssemos a resgatar os sentimentos de piedade, de compaixão e de humanidade há tanto tempo perdidos no decurso da terrível agonia da Guerra dos Cem Anos. Ninguém poderá se esquecer, vovó, que Joana enalteceu a paz, ao invés da guerra. Mesmo quando ela se armou para recuperar a França do domínio inglês, passada a hora da luta inevitável, já que ela sempre oferecia a paz ao adversário antes do ataque, corria em socorro aos feridos de ambos os lados, na prática da mais pura caridade.

A idosa senhora colocava as mãos na cabeça, soltando um suspiro profundo, como quem desistisse de tentar convencer a cabecinha da neta, que ela considerava sonhadora e até delirante.

As duas, mesmo após as usuais conversações, sempre voltavam de mãos dadas ao castelo, como velhas e boas amigas que eram.

Naqueles dias, Colette encontrava-se muito tensa, devido às últimas notícias que havia recebido da Corte. As inúmeras guerras religiosas, iniciadas sob o cetro de Francisco I e que pareciam não ter fim, eram o assunto que mais abalava o coração daquela sensível moça.

Após acompanhar gentilmente sua avó até a entrada do castelo, saiu célere em direção à colina, lugar onde certamente encontraria Agnelo, agora que já entendia ser ele o Espírito unido ao seu coração pelos laços do trabalho cristão e do amor, através de tantas vidas. Chegou ofegante e, após descer do lindo alazão que a conduzira até lá, chamou-o ansiosa:

– Agnelo, onde você está? Precisamos nos falar urgentemente.

E como num passe de mágica, a mágica permitida por Deus aos seus trabalhadores eleitos, surgiu, entre os arbustos à sua frente, o Espírito de seu ente amado.

86

– Que bom revê-la, meu amor. O que a deixa tão tensa?

– Pressinto que algo de muito ruim está para acontecer em Paris. Desde nossa última viagem até lá, percebemos a grande tensão que se abate sobre a Casa Real, especialmente sobre a mente doentia do Duque D'Anjou e de Catarina[1]. Creio que precisamos partir imediatamente para a capital a fim de tentarmos impedir essa desgraça.

– Sabemos do que se trata, Colette, e apesar de toda uma falange de benfeitores daqui estar tentando, diuturnamente, demovê-los das ideias criminosas, também igualmente forças contrárias se nos opõem negativamente. Somente o livre-arbítrio os fará decidir pela aceitação da boa ou má sugestão.

– Quer dizer que não me engano. Realmente, o Plano Espiritual também percebe a iminência de algo grave a acontecer, partindo da Casa dos Valois.

– Sim, meu bem. Uma tragédia de grandes proporções está sendo perpetrada pela mente despótica de Catarina, misturada à inferioridade de princípios de seu filho, o Duque D'Anjou. Planejam um massacre monstruoso dos huguenotes[2] . Procure preparar-se ainda hoje para que possamos partir para Paris.

Colette saiu em disparada com seu cavalo, hábil amazona que era, rumo ao castelo para preparar víveres e os suprimentos mínimos que uma viagem longa, em tempos de dificílimo transporte, demandava.

Na manhã seguinte, antes de o dia clarear, o cocheiro já se encontrava a postos, juntamente com um criado e a aia, para auxiliar a jovem na longa jornada que tinham até a capital da França.

Deixou uma carta endereçada à avó e aos familiares, evitando preocupações sobre sua inesperada viagem. Tomou a carruagem e,

---

1   *Catarina de Médicis (1519-1589): Rainha de França. Desposou o Duque de Orleans, depois Henrique II, rei de França. Mãe de Carlos IX (rei de 1560 a 1574) e Henrique III (aparece no livro sob o título de Duque D'Anjou até se tornar rei em 1574, exercendo seu reinado até 1589; era o filho predileto de Catarina).*

2   *huguenotes: designação depreciativa que os católicos franceses deram aos protestantes, especialmente aos calvinistas, e que estes adotaram.*

logo que os cavalos começaram a trotar em direção à estrada principal de saída do castelo, sem poder ser notado por mais ninguém, exceto Colette, um novo passageiro tomou lugar. Era Agnelo.

– Bom-dia, meu bem. Aguardemos confiantes de que algo ainda poderemos fazer para mudar as intenções de Catarina de Médicis.

Colette respondia mentalmente agora, já que a conversação em voz alta poderia assustar seus acompanhantes.

– Pois então, Agnelo, como compreender pessoas como Catarina, tão ligadas ao mal, tão predispostas aos malefícios de tantos irmãos, confinados que estão pelo seu poder, à sua vontade temerosa?

– Minha querida – respondia Agnelo pacientemente, com doce inflexão de voz –, lembre-se das palavras do Apóstolo João: "*Quem faz o bem é de Deus, mas quem faz o mal não tem visto a Deus*"[3]. Assim, Catarina ainda se agarra à perversidade por sua atitude mental inferior, mas o Pai Amantíssimo não exila ninguém de Seu Seio Amoroso. Ela ainda compreenderá a responsabilidade que recai sobre nossos atos e a verdadeira missão da religião em aproximar o homem de Deus, onde o derramamento de sangue é absurdo.

E assim passaram todos os longos dias que durou o percurso, na velocidade proporcionada por dois dedicados animais de tração. Colette acalmou seu agitado coração, diante das palavras sábias de Agnelo a exaltar a Bondade de Deus e a impossibilidade de interferirmos diretamente no sagrado livre-arbítrio de cada individualidade humana, por mais que certas atitudes, de outros irmãos de jornada, pareçam-nos terríveis.

Adentrando na capital francesa, recusou-se a qualquer descanso, mesmo após tão estafante percurso, pela ansiedade que a dominava em querer fazer algo para impedir a realização dos tétricos presságios que a amarguravam.

---

3   *III Epístola João, 11.*

A cidade inteira e mesmo os subúrbios circundantes agitavam-se, nervosamente, pelas previsões sombrias que ali pairavam, diante da possibilidade de luta armada entre os huguenotes e os católicos defendidos pela casa real. O atentado contra o líder protestante, Almirante Coligny, era o único fato comentado em todo lugar.

A cúpula protestante acorrera rapidamente ao encontro de seu chefe partidário, feliz por este estar vivo, mas grandemente preocupada com o que aquele ato de violência significava.

O clima de exaltação e cólera era facilmente percebido. Ainda assim, o bom senso do chefe do partido protestante, Coligny, recomendava calma aos seus seguidores e confiança no Rei Carlos IX, em quem sabia poder acreditar, apesar das más influências a que a insegura pessoa do rei era submetida por sua mãe, Catarina de Médicis, e seu irmão, Duque d'Anjou, personagens repletos das piores intenções, que sempre tentavam, a todo custo, induzir negativamente a opinião do rei, insuflando-lhe a necessidade de autorizar a morte do comandante protestante e a de todos os seus adeptos, como único meio de eliminar, pela raiz, o mal que o Calvinismo fazia a seu país, segundo suas mentes doentias acreditavam.

Colette mandou, incontinênti, um mensageiro ao Louvre, portando um pedido de audiência com o rei, fato possível devido ao grande prestígio que a posição de sua família gozava junto à nobreza.

Sem obter resposta no prazo, mais do que suficiente para tanto, resolveu ir pessoalmente à casa real, tentar demover o rei da possibilidade de assinar a ordem de execução dos huguenotes, devido às sugestões obsessivas de Catarina de Médicis, segundo as revelações que lhe fizera Agnelo.

Ao ser anunciada no castelo, Colette foi informada de que nenhuma audiência estava sendo permitida, sob nenhum pretexto, por ordens reais.

A moça, aflita, tentou, de todas as maneiras, usar de sua influência familiar para tentar modificar a disposição da guarda, mas tudo foi inútil.

As lágrimas começaram a rolar sobre a face da sensível jovem, inconformada pelo insucesso de seus esforços. Previu, em um relance, que ali selava-se a impossibilidade de ajuda para reverter o triste episódio, prestes a acontecer.

Quando a carruagem se aproximava da casa dos amigos, onde se hospedava, sentiu-se quase desfalecer pelo choque de emoções e pela tristeza que experimentava. Mas percebeu, imediatamente, que Agnelo a amparava, abraçando-a e dando-lhe carinhosa sustentação.

– Querida Colette, já havíamos comentado que, apesar de revestidos das melhores intenções, nada podemos fazer quando uma ideia perversa e insistente cristaliza-se na mente do irmão delituoso, já que a interferência direta na vontade individual não é permitida, segundo os desígnios divinos. Oremos ao Senhor Jesus para que nos fortaleça, a fim de que tenhamos condições para auxiliarmos, no que estiver ao nosso alcance, durante este difícil drama.

Perceberam ali, os dois, a pequena probabilidade de reverterem a tragédia sanguinolenta que, infelizmente, iria ocorrer. Após recompor-se do mal-estar, devido ao ambiente inferior com o qual há pouco entrara em contato no castelo, dirigiu-se, amargurada, ao companheiro perene:

– Agnelo, meu querido. Guie-me para que possa encontrar algum método que evite tamanho crime coletivo. Pergunte ao Alto o que devemos fazer! – clamou chorando, ferido que estava seu delicado coração.

– Meu amado bem. Acabo de ouvir instruções de nosso orientador. O terrível plano já está todo delineado. Dizem eles: *"Após as badaladas do sino da Catedral, no meio da madrugada, o desvario autorizado pela casa real tomará conta de Paris e arredores, provocando um mar de sangue inocente, o mais dorido sangue, pois é justificado insanamente em nome do Senhor Jesus".*

– Oh, meu Deus! – exclamou a moça, aterrorizada com a tenebrosa revelação de Agnelo. – Quer dizer que nada mais poderemos fazer?

– Não agora, meu anjo, mas, em futuro breve, muito teremos a fazer pela Causa Iluminadora do Cristo de Deus.

– Ao menos, então, correremos ao encontro dos feridos para lhes dar assistência e socorro – sugeriu Colette, em uma última tentativa que sua alma caridosa exigia de si mesma.

– Entenda bem, Colette. O Pai louva grandemente seus esforços em reverter ou minimizar o resultado do massacre que se desenhará nesta paisagem daqui a algumas horas, mas Este mesmo Senhor espera por você para colaborar, ainda nessa existência, no serviço dedicado aos nossos irmãos caídos e distanciados de Deus, assim como com os doentes e necessitados de toda sorte, que aguardam por nós. Arriscar-se a um precoce desenlace do corpo físico, na precipitação de querer ajudar hoje, é risco inútil que devemos evitar. O melhor a fazer é orarmos fervorosamente, solicitando ao Nosso Senhor que as forças do Bem atenuem ao máximo esse terrível transe que ocorrerá nessa sinistra noite.

Agnelo, percebendo a dificuldade que teria em convencer a sua nobre companheira em se preservar para sua futura missão e evitando a ameaça de logo mais, resolveu agir prontamente:

– Querida, preparemo-nos para partir.

Atordoada pela situação, mas absolutamente confiante na figura de seu amado Agnelo, partiu imediatamente, no silêncio das horas avançadas da noite. Após o percurso nervoso até a casa de seu tio, despertaram o sonolento guarda da nobre mansão, pedindo-lhe que anunciasse a chegada de sua sobrinha.

O bondoso senhor apareceu após alguns minutos, trajando sua camisola de dormir e ainda tonto de sono, tendo dificuldade em compreender que situação grave traria a presença da jovem em tão adiantado horário.

– Colette, é você, minha sobrinha?

– Sim, titio Jacques, sou eu – disse, abraçando carinhosamente o irmão de sua avó Claire.

– O que aconteceu? Algum problema com os seus? Diga-me, que estou angustiado.

– Não; titio, o que vai acontecer é muito mais grave do que qualquer morte em um seio familiar. A casa real decidiu-se pelo massacre dos huguenotes nesta noite.

– Oh! Meu Deus! Tem certeza do que afirma? Como obteve tão grave informação?

– É difícil explicar-lhe agora, meu tio. Mas tenho certeza do que afirmo. O tempo urge, e precisamos nos precaver contra o pior. Preciso deixar Paris, embora contra a minha vontade.

– E você está envolvida com o movimento dos huguenotes?

– Em verdade não, meu tio, mas envolvida com a justiça e contra a utilização do Santo Nome de Deus, autorizando massacres abomináveis.

– Santo Deus de Misericórdia! Nunca fui nem partidário nem contrário à causa dos hunguenotes, que crescem a cada dia em nosso país. Mas sempre fui contrário à ideia de derramamento de sangue em nome de qualquer opção reli-giosa.

– Sei disso, meu bondoso tio. Por isso, venho recorrer ao seu justo coração para que me auxilie a deixar a cidade agora, assim como, avisá-lo para se precaver, junto à sua família, contra esses homens ensandecidos que logo mais dominarão a capital e os arredores.

– Não se preocupe comigo, minha sobrinha, ainda guardo, apesar de não muito satisfeito com os rumos da Igreja, o título de católico em dia com suas obrigações. Portanto, não nos perturbarão. Vamos, apressem-se! Meu barco fica ancorado na margem direita do Sena, a poucos metros daqui. Mas está só? Ninguém mais, além de seu cocheiro?

– Não há problemas, titio. Minha aia não quis me acompanhar por temer sair a altas horas da noite. Não haverá inconvenientes em partirmos assim.

– Nem pensar nisso. Aguarde um pouco mais.

Dirigiu-se ligeiro ao interior da casa para providenciar o que julgou indispensável à viagem. Voltou após um quarto de hora, acompanhado de uma jovem em seus quinze anos e de um forte homem.

– Aqui estão, minha sobrinha, Luc, meu hábil condutor de embarcações, e Marie, que a servirá até seu destino final, podendo ficar com ela se assim o desejar. Luc retornará após deixar você em estrada segura. Existe um lugarejo, distante três dias daqui, onde poderão alugar uma carruagem.

– Agradeço profundamente, titio Jacques, mas não posso dispor desta jovenzinha, que nem sei se deseja servir-me neste momento perigoso.

E a simpática jovem deu voluntariamente um passo à frente, mostrando um amável sorriso e, com grande extroversão, disse:

– *Mademoiselle* Colette, meu maior desejo é poder segui-la e servi-la com o melhor de meus esforços.

Trocaram um olhar fixo, as duas jovens, como se já se conhecessem há muito tempo, despertando uma profunda afinidade que só pode ser entendida com os olhos da alma.

– Está bem, Marie, se esta é a sua vontade, aceito de bom grado seu valioso auxílio. Reafirmo que será bem recompensada e estará livre para seguir o caminho que melhor lhe aprouver, após nossa chegada ao meu destino.

– Minha recompensa será desfrutar de sua companhia, *mademoiselle* – disse amavelmente Marie, com a melodiosa voz que tinha, em meio ao seu constante sorriso.

Após as últimas recomendações do tio e amigo, partiu a pequena comitiva rumo à embarcação.

Depois das primeiras remadas, confinou-se Colette à cobertura do barco para extravasar sua angústia, num choro sentido, confessando a Agnelo:

– Agnelo, meu bem, como abandonar a luta em seu momento mais extremo? Sinto-me uma covarde deixando para trás meus irmãozinhos necessitados, prestes ao terrível destino que os espreita.

– Colette, confie em Deus! Ninguém está abandonando ninguém. Apenas estamos seguindo a sábia orientação daqueles que enxergam além de nossos olhos restritos. Aguardaremos esses irmãos necessitados em paragens mais seguras, onde nosso trabalho, para honrar e glorificar o nome de Deus, será muito mais frutífero do que aqui.

Assim, ao som das palavras de Agnelo, repletas de sabedoria e carinho, foi acalmando-se, até que adormeceu envolvida nos eflúvios calmantes que Agnelo lhe aplicava, sem que ela o percebesse. Nos primeiros raios solares, refletindo-se sobre as calmas águas do rio, Colette despertou sobressaltada e ofegante.

– Agnelo, Agnelo, ouço os gritos dos que, sem nada entender, estão sendo traspassados pelas lâminas e balas dos injustos.

Agnelo, que já se encontrava a seu lado, velando-lhe o sono em oração, atendeu-lhe ao apelo:

– Acalme-se, querida, a maior parte dessa noite infeliz já passou, trazendo para este lado da vida milhares de irmãos assassinados.

– Oh! Que horror, então tudo isto aconteceu mesmo! Deus, tenha piedade dos responsáveis por tamanha tragédia[4].

– Oremos, meu bem, oremos.

---

4   *Refere-se Colette à chamada Noite de São Bartolomeu, ocorrida em 24 de agosto de 1572, onde foram assassinados mais de 3.000 protestantes.*

E de mãos e corações unidos, elevaram o pensamento ao Alto, com toda sinceridade:

– *Senhor Jesus! Mestre Misericordioso, tem piedade da ignorância e insanidade que ainda dominam nossos frágeis e infantis Espíritos.*

Teu rosto glorioso acendeu na Terra o facho do amor, a perfeita fórmula para nos curarmos de nossa insignificância, assumindo, quando amamos como o Senhor nos amou, nossa divina face, herdeiros da Divindade Suprema que todos somos.

Lança uma réstia de Tua maravilhosa Luz sobre todos estes irmãos; os doentes, que hoje dispuseram da vida sagrada de tantos, e as vítimas, que estão se revoltando contra a enganadora e impossível ausência de Teu Amor, já que não enxergam Teu respeito às Leis Absolutas da Inteligência Suprema, que aguarda nossa decisão individual em abandonar nosso egoísmo para seguirmos, junto a Teus Ensinamentos, rumo à real felicidade.

Abençoa a todos eles e a todos nós...

Assim Seja.

Neste momento, observada do alto, parecia a pequena barca brilhar mais do que o próprio Sol, ainda opaco pela névoa matutina, envolto nas sublimes luzes azuis e douradas que vertiam dos Céus ao encontro daqueles corações em comunhão, praticando juntos o benefício da oração que partia da alma e não dos lábios.

O enlevo proporcionado por aqueles momentos foi interrompido parcialmente por uma voz delicada:

– *Mademoiselle* Colette, *bonjour!*

– Sim, Marie, aproxime-se.

– Perdoe-me, mas não pude resistir à música que ouvia partir daqui, por ventura, *mademoiselle* tocava e cantava algo há alguns minutos?

– Não, meu bem, apenas orava a Jesus, tentando acalmar minha angústia.

– Então, *mademoiselle*, foi certamente ouvida, porque suas palavras, repletas de elevação, transformaram-se em suave melodia ao Senhor, pois foi exatamente isto que ouvi há pouco.

– Sinto-me tão bem ao seu lado, Marie. Tem certeza de que nunca nos havíamos visto anteriormente?

– Não nesta vida, *mademoiselle*, já que sou criada por seu tio Jacques desde criancinha, órfã que sou. Mas sua presença e o que estamos passando juntas agora não me espantam, já que sonho repetidamente com nossa viagem, nesta mesma barca, há anos. Sei, pelo que ouvi durante esses sonhos tão reais, que algo temos que construir longe da França e, com a permissão de Nosso Pai, assim o conseguiremos.

Uma irresistível força atraía aquelas duas criaturas e, em um clima de alegre emoção, abraçaram-se demoradamente. Marie e Colette se conheciam desde vidas pregressas e ali se reencontravam, sob as bênçãos de Deus.

No silêncio da água em volta, sob a tênue claridade de fim de tarde, Colette contemplava o horizonte, recordando-se sem parar do traumático momento que a França vivia e que nada pôde fazer para evitar, deixando rolar uma solitária lágrima em seu rosto jovem.

Agnelo, novamente, surgiu à sua frente. Levou a mão em direção à delicada face de sua amada, aproveitando para lhe fazer uma carícia.

– Meu pequeno anjo – disse Agnelo, quase sussurrando –, tentei, esta manhã, colher uma estrela do firmamento para lhe adornar os cabelos, mas quando me dei conta, percebi que seu brilho e beleza não necessitam nada mais. Não se deixe abater dessa maneira, não quero nenhuma sombra de desânimo entristecendo seu luminoso sorriso. Abriguemo-nos sempre no trabalho incessante do bem, na certeza de que mananciais de nova motivação fluirão do Mais Alto para nos impulsionar ao cumprimento de nossas promessas junto a Jesus.

Colette, após as consoladoras e estimulantes palavras de seu querido companheiro, esboçou um singelo sorriso, na esperança de que novos planos lhe fossem revelados.

– Colette – continuou serenamente Agnelo –, creio ter chegada a hora de lhe contar os detalhes dos planos que nossos amigos tutelares nos sugerem. Dizem eles que a melhor opção para nós seria rumarmos para a Itália, para lá instalarmos nosso refúgio de caridade e instrução aos nossos irmãos desvalidos. As terras italianas são seguramente o lugar mais próprio a este fim, já que lá teremos tranquilidade e tempo para construirmos nossa humilde obra de amor.

– Agnelo, meu coração se enche de esperança em ter um lugar para livremente atuarmos em favor dos mais carentes. Mas como abandonarei minha família e amigos?

– A sugestão que recebemos não significa ordem ou obrigação. A dilatação da obra de instalação da mensagem cristã na Terra, que começamos há tanto tempo, certamente exige sacrifício ao nosso coração e à nossa vida pessoal, mas conduzirmos os que ainda não compreendem sua função de existirem, ao Evangelho Divino, é a missão mais sagrada de que se tem notícia, sem comparação com nenhuma outra no mundo. Convertamos nossa vida em exaltação ao Senhor, esquecendo-nos de nós próprios, ofertando-Lhe, através do auxílio aos filhos do Calvário, nossos Espíritos endividados com Seu Amor. Nossa vitória será termos conseguido fazer frutificar a árvore da Caridade, já que temos o adubo do amor a felicitar-nos as almas. Nossa casa de abrigo e descanso, paz e oração, será nossa pequenina homenagem a Jesus, ante os inúmeros presentes que diariamente recebemos do Nosso Amado Mestre, como este de eu poder compartilhar-lhe os dias, na ventura de sua companhia, ainda que em dimensões diferentes. O trabalho é a bênção que Jesus nos oferece no santuário de nossas vidas, como único meio de compreendermos melhor o Amor de Nosso Pai por todos nós. Fique livre, porém, minha amada, para decidir tranquilamente qual o rumo que pretende dar à sua atual vida. Estarei com você de qualquer forma, com a graça de Deus.

Colette, que a tudo ouvia com os olhos marejados pela experiência da mais profunda emoção, junto àquele a quem tão profundamente amava, respondeu com voz embargada, mas repleta da mais pura alegria:

– Agnelo, meu bem maior, nada tenho que esperar para lhe responder sim. Partamos tão logo possível ao nosso novo lar, que Jesus há de nos reservar, em paragens italianas. Lá desfrutarei de seu coração a estimular o meu para prosseguirmos no trabalho que temos de realizar, onde poderemos recolher tantos viajores fatigados e doentes, que se aproveitarão da sombra e do alimento do Evangelho a fim de se reerguerem para a caminhada necessária.

Abraçaram-se comovidos por longo tempo, sentindo um coração pulsar juntamente com o outro, no exato compasso dos que embalam o verdadeiro amor dentro do peito.

A pequena comitiva permaneceu por dois dias em vilarejo próximo ao término do percurso fluvial. Colette conseguiu ali um portador para enviar notícias aos seus, detalhando-lhes sua situação, comunicando-lhes estar bem, informando-os de sua decisão de se instalar na Itália. Tinha, ainda, suficientes provisões financeiras, emprestadas por seu tio. Aproveitou o mensageiro para solicitar a seu pai que, tão logo pudesse, saldasse aquela dívida. Reforçava na missiva que não os deixaria sem notícias, embora preferisse deixar seu paradeiro desconhecido inicialmente, por questão de segurança.

Passaram-se, então, dois anos, até que, após muitas tentativas, encontraram uma velha propriedade campestre abandonada, próxima a uma grande metrópole, ao norte da Itália, local ideal para instalar o refúgio com que sonhavam para o auxílio aos necessitados. Arrematara-a em troca de um colar de diamantes de grande valor que trouxera, intuitivamente, de sua casa em Lyon, por ocasião de sua viagem a Paris.

As condições daquele lugar eram perfeitas aos seus nobres objetivos: distante suficientemente da cidade, com exuberante flora e ainda com uma nascente de águas cristalinas que formavam pequeno riacho à direita dos limites da pequena chácara.

Em pouco tempo, após dedicado trabalho, o matagal que cobria a maior parte do lugar, devido ao descuido e abandono, transformou-se em um encantador espaço, cercado de jardins multicores em toda a sua volta.

O riacho foi todo margeado em seu percurso por bonitas pedras, assim como, um pequeno moinho foi construído na queda d'água mais adequada, fornecendo-lhes a mó para triturar os cereais e a água límpida para consumo diário.

A habitação modesta, porém ampla, foi aproveitada, sofrendo uma reforma para adequá-la aos fins caridosos a que se propunham. Ao seu lado, erguia-se majestoso carvalho que fornecia sombra farta e ambiente propício às preleções evangélicas instrutivas que ali pretendiam realizar.

O refúgio logo se tornou a esperança de tantos e tantos doentes e desajustados que ali começaram a receber tratamento e orientação.

Colette, constantemente guiada por seu Agnelo, saía semanalmente em socorro aos irmãos em grande dificuldade e penúria e os encontrava facilmente, independente de onde estivessem, devido à orientação que aquele Espírito maravilhoso lhe proporcionava.

O doente chegava, recebia alimento das próprias plantações que ali cultivavam e os remédios necessários, preparados com ervas medicinais.

A água vinha canalizada diretamente do riacho, após passar por filtro feito de areia e carvão, e ficava reservada em um grande pote. Era sempre fluidificada pelas instruções de Agnelo, atendendo perfeitamente aos objetivos terapêuticos a que se destinava.

As reuniões de explanação evangélica eram momentos de êxtase espiritual, inflamando-se a voz de Colette, que se unia, quase que integralmente, à mente de Agnelo e a de ambos ao Alto, espargindo recursos curativos e balsamizantes sobre toda a plateia beneficiada.

Muitos "milagres", na voz daquele povo sofrido, ali ocorriam, diante da qualidade de vibrações superiores que se desprendiam daqueles dois corações irmanados à vontade de Deus e a Seu serviço.

A Casa do Caminho, onde o apóstolo Pedro reunia a multidão que para lá acorria em busca de cura e consolação, tinha sua "filial" em um recanto simples em meio a uma floresta, sob a direção e dedicação de Agnelo e Colette.

E assim, esse extraordinário casal ofereceu luz e conforto a tantos, por muitos e muitos anos.

Era chegado o dia de domingo de um final de outono, já prenunciando os rigores do próximo inverno, pelo clima adverso que fazia: frio e ventoso. Ainda assim, nada poderia substituir as noites de domingo no refúgio de Agnelo e Colette, onde todas as atenções eram dirigidas à preleção evangélica, partilhada por todos.

Colette coordenava os trabalhos sob a inspiração segura de Agnelo. Marie aguardava todos se acomodarem, doentes, crianças, mendigos, auxiliares de trabalho e, após o natural silêncio ser alcançado, começava a cantar, utilizando-se de sua maviosa voz, hosanas em louvor a Jesus e Maria. Só então, quando preparados e receptivos todos estivessem, começava Colette:

– Meus amados irmãos, irmãs, amigos e amigas. Olvidemos os ressentimentos e a mágoa ante o impacto, tantas vezes violento, da dor, onde quer que estejamos. Prossigamos confiantes em Deus, que nos reserva este pouso de paz, para que alcancemos equilíbrio físico e mental, graças ao alimento material e aos medicamentos que temos à nossa disposição. Mas nosso propósito fundamental não se restringe a isto. Deus permita ser este o refúgio à adversidade para que nos reergamos com dignidade e, uma vez sãos, possamos retornar às tarefas pelas quais fomos reconduzidos a esse mundo, seja com nossas famílias, nosso trabalho, nossos amigos ou adversários e seja, principalmente, para nos renovarmos interiormente, praticando verdadeiramente os preceitos do Cristo. Ele nos ensinou a perdoar com o perdão mais sincero, aquele que não só escapa aos nossos lábios, mas aquele que provém do coração. O perdão integral, pois entende que todos somos sujeitos a erros e falhas diante de nossa fragilidade espiritual. Uma vez livres do rancor e do ódio, as piores ervas daninhas a se enovelarem em nossas almas, sufocando-as para a queda e a dor, estaremos prontos para começar a entender o amor, o mesmo amor a que o apóstolo dos gentios se referiu ao nos lembrar:

"Seja constante o amor fraternal[5]

O Senhor é meu auxílio, não temerei;

que me poderá fazer o homem?[6]

O amor seja amor sem hipocrisia. Detestai o mal, apegando-vos ao bem.[7]

Amai-vos cordialmente, uns aos outros, com amor fraternal, preferindo-vos em honra uns aos outros.[8]

Regozijai-vos na esperança, sede pacientes na tribulação, na oração perseverantes.[9]

Compartilhai as necessidades dos santos.[10]

Abençoai aos que vos perseguem, abençoai e não amaldiçoeis[11].

Alegrai-vos com os que se alegram e chorai com os que choram[12].

---

5 *hebreus: 13:1*
6 *hebreus:13:6*
7 *Romanos: 13:9*
8 *Romanos: 13:10*
9 *Romanos: 12:12*
10 *Romanos: 12:13*
11 *Romanos: 12:14*
12 *Romanos: 12:14*

Tende o mesmo sentimento uns para com os outros; em lugar de serdes orgulhosos, condescendei com o que é humilde, não sejais sábios aos vossos próprios olhos[13].

Não torneis a ninguém mal por mal[14]

Esforçai-vos por fazer o bem perante todos os homens[15].

Se possível, quando depender de vós, tende paz com todos os homens.

Se há qualquer outro mandamento, tudo nesta palavra se resume: Amarás ao teu próximo como a ti mesmo.

Ainda que eu fale as línguas dos homens e dos anjos, se não tiver amor, serei como o bronze que soa, ou como o címbalo que retine.

Ainda que eu tenha o dom de profetizar e conheça todos os mistérios e toda a ciência, ainda que eu tenha tamanha fé ao ponto de transportar montes, se não tiver amor, nada serei.

E ainda que eu distribua todos os meus bens entre os pobres, e ainda que entregue o meu próprio corpo para ser queimado, se não tiver amor, nada disso me aproveitará.

O amor é paciente, é benigno, o amor não arde em ciúmes, não se ufana, não se ensoberbece, não se conduz inconvenientemente, não procura seus interesses, não se exaspera, não se ressente do mal; não se alegra com a injustiça, mas regozija-se com a verdade; tudo sofre, tudo crê, tudo espera, tudo suporta.

O amor jamais acaba..."[16]

– Assim, meus irmãos e amigos, falou Paulo de Tarso, na interpretação verdadeira das palavras de Nosso Amado Mestre Jesus. Que o Senhor nos abençoe a todos!

Nesse momento, o pequeno e singelo galpão se encontrava repleto de luzes que vertiam do mais alto, ali chegando em forma

---

13 *Romanos: 12:16*
14 *Romanos: 12:17*
15 *Romanos: 12:18*
16 *Coríntios: 13:1-8*

de flores radiosas as quais se desintegravam ao contato com os presentes. Contudo, apenas os olhos do Espírito as poderiam perceber.

Os resultados obtidos eram sempre maravilhosos: doentes eram curados; convalescentes tinham suas dores amainadas; descrentes eram despertos para a fé; revoltados abriam seus corações ante os poderosos argumentos evangélicos, pronunciados por alguém que os vivia, como Colette, junto a seu anjo tutelar.

Marie concluía então os trabalhos, novamente entoando uma canção de esperança a Deus, agora com a voz mais melodiosa do que nunca, fazendo brotar lágrimas de emoção em todos os que ali eram privilegiados pelas alegrias do Bem.

O enlevo de Colette, que se despedia com um carinhoso "boa-noite", pessoalmente endereçado a cada um que passava por ela rumo a seu leito, foi subitamente interrompido pela delicada voz de Agnelo:

– Querida, nosso trabalho desta noite ainda não chegou ao fim. Espera-nos uma irmãzinha abandonada, caída em uma rua fria e escura da cidade. Chame por Enzo, e partamos sem demora.

Após rápidos preparativos da carroça, assim como reforço em seus agasalhos para enfrentar o frio e a chuva que caía, partiram Colette, Agnelo e Enzo, o fiel moço que a auxiliava nas buscas dos necessitados.

Seguindo as precisas orientações de Agnelo, rapidamente se dirigiram à rua correta, localizada em um beco escuro e deserto, ao leste da cidade. Avistaram, com a ajuda de lampiões para contornarem a escuridão, um corpo caído em meio à sarjeta, por onde corria a água da chuva. Apearam da carroça e dirigiram-se à pobre criatura abandonada.

– Esta é Bianca, meu bem, uma pobre mulher perdida em sua própria dor, querendo desistir do dom sagrado da vida – advertiu Agnelo a Colette, com inflexão de compaixão.

Recolheram a moça desacordada, acomodaram-na na parte detrás da carroça e a agasalharam cuidadosamente.

103

Antes de partirem, Agnelo solicitou a Colette que aguardasse um minuto apenas, pois necessitava lhe falar. Aquele Espírito iluminado dirigiu seu olhar ao fundo dos olhos da companheira e, num arroubo de emoção, disse-lhe:

– Precisarei repetir aqui que sou para sempre seu? Precisarei dizer em voz alta que a ventura que toma conta do meu peito é maior que a minha alma? Penso que não, porque nossos Espíritos vivem juntos e são um só, unidos pela vibração de fé e confiança. Obrigado por trabalhar junto a mim no exercício do entendimento de Nosso Pai. Eu a amo para sempre. E a beijou na fronte com imensa ternura.

Daqueles corações, fundidos pelo mais poderoso elo do Universo, o amor, desprendeu-se uma claridade tamanha, que as trevas da noite se dissolveram diante da beleza daquela extraordinária luz.

Na manhã seguinte, tão logo o dia raiou, apesar das nuvens e do frio que ainda fazia, os passarinhos não deixaram de anunciar o novo dia. No refúgio de Colette, o dia começava cedo diante das inúmeras tarefas e cuidados que todos exigiam.

– Marie! Marie! Onde você está, querida? – chamou Colette, dando uma volta em torno da casa principal, tentando encontrar a companheira.

– Estou aqui! – respondeu Marie, interrompendo uma canção alegre que cantarolava baixinho enquanto colhia algumas ervas.

– Preciso lhe falar. Ontem, recolhemos uma nova hóspede em nosso lar e, como isto aconteceu a altas horas da noite pela urgência que a situação demandava, não tive tempo de lhe comunicar.

– Claro, minha amiga, vamos logo conhecê-la – respondeu-lhe Marie, abrindo seu bonito sorriso.

Bianca estava acomodada em um simples e limpíssimo leito, vestindo uma túnica de linho branco e coberta por uma manta de pele de cordeiro. Delirava devido à alta febre que apresentava:

– Filho, onde está você? Eu não sabia que você existia. Perdoe-me, meu menino. Onde puseram meu bebê? Por favor, procurem por ele! – chamava, extremamente agitada, a pobre Bianca.

– Acalme-se, minha filha, logo o encontraremos – respondeu-lhe Marie amorosamente, enxugando-lhe a testa ensopada de suor com uma alva compressa.

– Trata-se de um caso muito complexo, Marie, envolvendo inúmeros irmãos enredados em débitos graves de consciência – informou-lhe Colette. – Conto com seu amor, deixando-a sob sua responsabilidade enquanto estiver entre nós.

– Certamente, cuidarei dela como se fosse minha filha – respondeu-lhe Marie, sorrindo e segurando a mão de Bianca.

Durante o transcorrer dos próximos dois dias e duas noites, a febre não deu trégua, aliada às crises de dores lancinantes que Bianca sofria na região genital, na garganta e nas extremidades, devido à sífilis em fase avançada que contraíra há muitos anos. Preocupadíssima com a situação de Bianca, Marie chamou por Colette para orientá-la na condução daquele caso.

– Marie, querida, os sofrimentos da vida sempre têm uma causa, e como sabemos ser Nosso Pai Justíssimo, a dor sempre deve ter uma causa justa, visando a nossa evolução. Mas isso, porém, não nos retira a responsabilidade de lutarmos para o restabelecimento de nossos irmãos em desvalia, ou até para sua cura, segundo o merecimento de cada um e a vontade de Deus, que quer sempre o melhor para nós outros. Oremos a Maria Santíssima para que recebamos o auxílio fundamental do Alto.

Tomou a mão de Marie, que por sua vez segurava a de Bianca, e oraram:

– *Mãe Santíssima, desde o momento em que recebeste Nosso Salvador em Teu Ventre de Luz, modificaste o destino de todos os povos, para todo o sempre, permitindo-nos o contato com Aquele que transformou, com simples sandálias, com uma túnica modesta e com as palavras de maior poder jamais ouvidas, o condenado em doente, o acusado eterno em desequilibrado passageiro, o pecador isolado no espírito aprendiz, o encarcerado definitivo em liberto rumo ao Alto, o desvairado, o louco, no perturbado moral, enfim, proporcionou-nos a troca da pena perpétua, pela possibilidade restauradora, rumo à tranquilidade de nossas consciências. Teu Amor incomparável, maternal não só a Ele, mas a todos os Filhos do Calvário, espalhados aos milhares, nos recantos mais obscuros deste planeta, expiando um passado delituoso, abandonados à espera de nossas mãos, que tardam tantas vezes em encontrá-los, exemplificou o máximo de justiça e perdão, paz verdadeira e progresso ao espírito. Se um pedido único possa eu fazer, permita Tua Bondade Imaculada, que nenhum deles, Senhora Amada, deixe de aguardar o abraço acolhedor, a palavra confortadora, o remédio regenerador, a fé em um Pai Comum, fortalecendo-nos as pernas cambaleantes e as mãos indecisas de nós outros para que, revitalizados em Teu Incomensurável Amor, possamos reacender em nossos corações endurecidos a chama da fé mais pura, onde o olhar marejado desses nossos irmãozinhos possa deixar de mirar o solo dos desesperançados e volver seu foco em direção à Estrela de Paz que habita o Teu Peito, o Diadema Encantador que ilumina nossa pequenez.*

Assim Seja.

Bianca, até então semiconsciente, registrou aquelas doces presenças e sentiu imediatamente o benefício dos recursos fluídicos que lhe eram transmitidos. Abriu vagarosamente os olhos e pediu para falar.

– Agora não é o momento, minha filha – disse Colette com meiguice, ajeitando-lhe a cabeça no travesseiro. – Deixemos que você fique mais forte e, então, poderá me contar tudo o que quiser.

Bianca, como o viajor que chega de jornada estafante, adormeceu exausta, mas com o semblante tranquilo.

A partir daquele dia, Colette e Marie começaram a preparação espiritual de Bianca, trazendo-lhe ao conhecimento, em cada precioso minuto daquela vida que se esvaía, devido à grave moléstia que apresentava, as lições de perdão e resignação, embasadas em muito carinho e amor. Percebiam, porém, ter ali um Espírito que deveria sofrer seu processo de cinzelamento por várias encarnações, já que sua revolta era proveniente da não aceitação dos erros do passado, o que tornava difícil qualquer possibilidade de um resultado rápido e eficaz.

Três meses se passaram, seguindo as duas benfeitoras esta caridosa rotina de apoiar, medicar e entender o sofrimento de Bianca. Apesar de uma melhora significativa dos sintomas terríveis da doença, as lesões profundas em seu veículo físico eram irreversíveis.

Certo dia, ofegante, percebendo a vitalidade esmorecer, Bianca pediu para chamar Colette.

– Senhora, já lhe contei minha triste história. Junto à senhora e a Marie, descobri que pode existir uma fraternidade pura e desinteressada, como esta que encontrei verdadeiramente em vocês. Seus ensinamentos me comoveram e fizeram-me ter esperanças no perdão de Deus, o perdão pelo grande pecado que cometi contra meu filho. Terei, senhora, a oportunidade de um dia encontrá-lo em algum lugar?

– Com certeza, filha, isso sucederá. Todos nós temos inúmeras oportunidades para resgatar o mal já feito. Deus, o Pai Perfeito, sempre estará ao nosso lado. Temos que resgatar as nossas faltas, quando, através delas, ferimos as Leis de Deus, que são de justiça e amor.

Profundamente tocada pelo sofrimento de Bianca, Colette, naquela noite, ao se recolher, pediu a Agnelo ajuda, no sentido de localizar Lucius no plano espiritual. Ele informou que Lucius, o filho de Bianca, encontrava-se no Umbral, perseguido por Espíritos a quem tinha prejudicado. Desde que desencarnara, ficara naquele local escuro, com os algozes o arrastando em torvelinho. O sofrimento, a escuridão, a ausência de Deus assaltavam aquele pobre Espírito. Não sabia rezar; a única lembrança boa em sua mente era

Marieta. Lembrou-se daquela que o criou e que tentou por diversas vezes fazê-lo mudar e ser mais sensível. Com essa lembrança, conseguiu por fim chorar. As lágrimas queimaram-no como brasas ardentes, e um grito lhe saiu dos lábios:

– Minha mãe, onde está? Por que me abandonou um dia? Poderia eu ter sido tão diferente. Deus, onde está que não me ouve?!? – bradou do fundo de sua alma.

Bianca, presa ao leito, com o coração afetado pela doença que a consumia, sentiu-se sufocar no exato momento em que a súplica do filho lhe chegou, quase vindo a desfalecer. Ao seu lado Marie, que estava constantemente em vigília, observou aquela agonia e, colocando as mãos de Bianca entre as suas, formulou sentida prece:

– *Mãe Santíssima, auxilia esta alma sofrida e arrependida.*

Dá-lhe a paz, coloca em seu coração a Tua Bênção. Derrama sobre sua alma o Teu Amor, lenitivo para todos os males.

Sei que o que a faz sofrer profundamente é a perda do filho que abandonou.

Olha também por aquela criança que, como todo filho, procura o colo de sua mãe como refúgio mais seguro, diante das adversidades da vida, assim como Teu Filho procurou Teu Colo, em seu momento extremo, assim como eu, agora, Te procuro e sei que respondes indistintamente a todos os Filhos do Calvário que solicitam as bênçãos de Teu Coração. Assim Seja.

Agnelo, que estava por perto, sentiu a resposta à prece feita por Marie, ao ver cair uma luz azul-safirina sobre eles, e percebeu que era chegada a hora de libertar Lucius do Umbral. Partiu à zona umbralina auxiliado por alguns Legionários e foram em busca do Espírito sofredor. Encontraram Lucius acuado em um canto escuro. A claridade que Agnelo e seus auxiliares espalhavam, advinda das luzes que deles emanavam, assustou os infelizes que, cegos, nada conseguiram enxergar. Agnelo recolheu Lucius em seus braços, quase inconsciente, em estado de torpor.

A pequena comitiva seguiu para o mais próximo Posto de Socorro e lá, acomodando Lucius no leito, ministraram-lhe passes recuperadores que foram aliados a sinceras preces em favor do restabelecimento daquela criança perdida no sofrimento.

O ambiente daquele Posto de Ajuda no espaço era de uma paz indescritível. As cores dos fluidos que inundavam o local eram belíssimas. Fachos lilases, azuis e brancos se alternavam como faróis que, cruzando o ambiente, higienizavam a atmosfera.

Lucius, mesmo inconsciente, sentiu profundo alívio e, aos poucos, foi abrindo os olhos, ficando petrificado com a beleza do que via. Copiosas lágrimas lhe banharam o rosto.

– Por favor, dê-me um pouco d'água – pediu com humildade.

– Aqui está, filho – disse Agnelo, sustentando-lhe a cabeça e ajudando-o a ingerir o líquido lentamente, acalmando-lhe o ardor que lhe queimava a garganta, caindo, em seguida, em profundo sono.

O enfermeiro encarregado disse, então, a Agnelo:

– Pode ficar sossegado; trataremos do irmão com o máximo carinho, mas devo lhe prevenir que, no estado em que agora se encontra, deverá permanecer por longos anos, até que o Espírito, parcialmente recuperado, possa voltar à consciência.

Agnelo deixou Lucius aos cuidados dos enfermeiros e voltou à casa de Colette para dar conta do sucesso da missão.

– Colette querida – disse-lhe suavemente aos ouvidos –, agora é hora de você completar aqui a sua parte na missão que nos confiaram. Bianca está prestes a desencarnar e é necessário que você busque o causador de todos os sofrimentos dela para que o perdão apague o rancor de seu peito e a deixe transpor mais tranquilamente a porta da espiritualidade.

Colette chamou o jovem auxiliar, e partiram em busca de Carlo. Após percurso de aproximadamente duas horas de carroça, chegaram ao castelo e pediram para chamá-lo.

– Gostaria de falar com o senhor Carlo Monti. Ele não me conhece, mas diga-lhe que trago notícias de Bianca.

Quando o criado lhe deu o recado, Carlo, sobressaltado, correu ao encontro de Colette, que fora conduzida ao escritório.

– Boa-tarde, senhora, por favor, acomode-se – falou, indicando-lhe a poltrona.

– Meu nome é Colette. Tenho uma espécie de Pronto-Socorro, um pouco distante daqui. Há quase três meses, recolhi em minha casa, Bianca, que sei, deve lembrar-se de quem se trata.

– Por certo, tenho-a procurado por longos anos. Pensei até que havia saído da Itália – disse emocionado e apreensivo diante da inesperada revelação.

– Não, não saiu. Devo informá-lo de que está muito doente e julgo conveniente, se for de sua vontade, que vá vê-la.

– Com certeza, senhora, podemos ir agora mesmo – respondeu-lhe, ansioso.

Partiram, e Carlo pressentiu, sem saber por que, que iria ver Bianca pela última vez. Chegaram à casa de Colette, e Carlo, com o coração opresso, entrou no quarto da doente. Aquela figura apagada, deitada no leito, extremamente abatida, não poderia ser sua Bianca, a doce criatura que, em um dia de primavera, tivera em seus braços.

– Querida, sou eu, Carlo, por favor, fale comigo – solicitou ternamente.

– Carlo? – Bianca abriu os olhos e fixou o olhar sem brilho no rosto daquele que tinha sido seu único amor.

– Perdão, Bianca, não poderei ter paz em meus dias se não obtiver seu perdão – falou com a voz embargada pela emoção.

– Agora já é muito tarde, Carlo, já não temos como apagar tudo o que aconteceu.

Como uma sentença final, aquela frase penetrou-lhe o coração dolorido. Pegou-lhe as mãos e depositou-lhe um suave beijo nos lábios.

110

Bianca suspirou, passando aos braços de Agnelo, que a recebeu no plano espiritual. Infelizmente, desencarnou sem conceder a Carlo o perdão almejado.

O pobre homem não conteve o choro, represado há tantos anos, pelo terrível mal que sentia ter feito àquela mulher. Diante da morte de Bianca, não havia mais tempo para reparar o erro cometido.

Colette suavemente ofereceu sua companhia para consolá-lo, contando-lhe o objetivo de sua obra benemérita, que lhe permitia cuidar de todos os necessitados que ali eram recolhidos.

Carlo conversou um pouco com Colette, prometendo-lhe, em nome de Bianca, auxiliá-la com recursos financeiros e todo o tipo de apoio que precisasse, pois ela recebera ali a única coisa pura que tivera em sua vida. Saiu arrasado e desiludido, sabendo que agora só lhe restava esperar o dia em que Deus, com pena de seu sofrimento, o chamaria para encontrar em outra dimensão, quem sabe, o filho e a mulher amada.

Após quase vinte anos terem se passado, Lucius saiu da fase letárgica em que se encontrava e, tão logo tomou consciência de sua situação, solicitou o benefício de poder trabalhar para recomeçar, agora de maneira correta, sua escalada evolutiva. Assumiu, seguindo a orientação de seus superiores, trabalhos simples de limpeza e ajuda na própria Estação de Socorro onde se encontrava, para mais tarde ser transferido a outras frentes de trabalho, junto à Colônia Espiritual coligada àquele Posto de primeiro atendimento a Espíritos necessitados, recém-chegados das zonas umbralinas.

Bianca, após a conturbação dos primeiros anos em estado de semiconsciência na Erraticidade, participou, tão logo pôde, dos estudos e preparativos para sua nova encarnação que a esperava, recurso inigualável que nos oferece o Senhor da Vida, para o resgate de nossos débitos e faltas.

Apesar de todo o esforço despendido em seus últimos dias de vida, como Bianca, assim como todo o empenho em esclarecê-la sobre a necessidade de perdoar Carlo, os mentores que a assistiram não conseguiram remover de seu coração a mágoa e o rancor que sentia por aquele que julgava ter feito tudo propositadamente para lhe causar o pesadelo que tinha sido sua vida.

Agora, as terras de um país quase inexplorado, mas destinado a um futuro grandioso pela Espiritualidade Superior, aguardariam Bianca para recebê-la em uma nova roupagem física. Este país se chamava Brasil.

Parte dois

Capítulo 1

Em terras brasileiras

QUANDO O ASTRO-REI DESPONTOU no horizonte, convidando a vida a se levantar em um novo dia, a paisagem circundante revelava a predominância do verde nos campos que pareciam não ter fim na Fazenda Santa Clara. O mesmo Sol que, em um longínquo dia, iluminara os campos italianos onde Bianca e Carlo viveram sua história de drama e paixão, amor e ódio, agora resplandecia sobre essa imensa propriedade, incrustada em meio aos vales típicos que caracterizavam a continuação da Mata Atlântica brasileira naquela região. Era certamente a maior e a mais rica dos arredores, pertencente à Família Oliveira, portugueses provenientes da grande leva de imigrantes lusitanos, convidados a desbravar a *terra brasilis* nos primeiros tempos da colonização, núcleo onde renasceriam, pela maravilhosa via reencarnatória oferecida por Deus a todos os Seus filhos, Bianca como Clara, e Carlo, agora, chamado Rodrigo.

Nesses tempos, quando transcorria a segunda metade do século XVII, aos descendentes desses primeiros aventureiros, já era permitido desfrutar do ouro acumulado às custas da extraordinária fertilidade do solo daquele lugar, assim como do trabalho escravo, que diuturnamente alimentava os cofres dos cruéis senhores que os possuíam. Como as outras mais de duzentas propriedades espalhadas por esse novo país de dimensões continentais, a produção do açúcar era a atividade eleita no Brasil, pois tratava-se da especiaria mais bem paga e apreciada no mercado europeu.

Assim como os outros grandes engenhos, a Fazenda Santa Clara era constituída da mesma estrutura básica: a *casa-grande*, onde viviam a família senhorial e os escravos destinados às atividades mais refinadas do trato doméstico; a *senzala*, o palco tristonho onde ficavam restritos os negros de trabalhos braçais; as *estrebarias* e as *oficinas*. As principais instalações do engenho eram: a *moenda*, onde se moía a cana para extrair o caldo; a *caldeira*, onde se purificava o caldo; e a *casa de purgar*, onde se acabava de purificar o caldo. Além disso, só se podia ver o imenso latifúndio repleto dos caules monocromáticos das canas-de-açúcar e das abundantes matas para alimentar as fornalhas, já que cada metro de chão utilizado era importante para atender à implacável ganância de enriquecimento que caracterizava o Coronel Oliveira, permitindo aproveitarem somente pequena gleba de terra remanescente para o cultivo básico de subsistência.

O materialmente poderoso Coronel era a reencarnação de Antônio, o chefe dos ladrões na distante Itália há mais de um século, e parecia não estar tendo a felicidade de aproveitar sua nova oportunidade de renascer na Terra, já que o poder que possuía era sinônimo de dor e tristeza para todos os que o rodeavam.

Era novamente manhã na Fazenda Santa Clara e, enquanto já quase uma centena e meia de escravos suavam no trabalho árduo e desumano desde o início da madrugada, somente agora acordava a pequena Clara, despertando com a algazarra de passarinhos que se agitavam no ipê roxo, plantado em frente à janela de seu quarto.

– Ai, ai, esses passarinhos! Não têm o que fazer além de virem me perturbar aqui na minha janela! – reclamou Clarinha, abrindo a grande janela de madeira esculpida com múltiplos detalhes artísticos, fazendo um movimento aleatório com suas mãozinhas, na tentativa de espantar os bichinhos emplumados que comemoravam a nova aurora. Seu típico mau humor matutino, apesar de contar apenas dez anos, era compreensível devido a todos os mimos e noções de poder material que lhe eram transmitidos por seu pai, o Coronel Oliveira. Seu humor, porém, não causava surpresa a nenhuma das pessoas que partilhavam seu convívio, especialmente a negra Maria da Conceição, a terna e boníssima escrava, que era incumbida de cuidar da pequena Clara. Vestindo agora uma pele negra e uma condição humilíssima, reaparecia no palco terrestre nossa Marie, o elevadíssimo Espírito que participara da mesma vida antepassada de Bianca e Carlo, retornando agora, não por necessidade evolutiva, mas por extremado amor e dedicação ao bem. O coração de Maria da Conceição facilmente revelava o interior iluminado de Marie a se manifestar em uma nova vida:

– O que é isso, Clarinha?! Já lhe disse que não deve tratar assim nenhuma das criaturinhas de Deus, o Nosso Pai. Você já parou para olhar esses bichinhos com os olhos do coração? Pois deveria tentar. Olhe só aqueles azuizinhos como o céu. Eles estão cantando com muito amor. E você sabe o que quer dizer essa música na linguagem dos passarinhos? Quer dizer: louvado seja Nosso Senhor, pelas belezas do mundo, por nós termos amiguinhos, por nós estarmos vivos, sentindo-nos tão bem dispostos nessa manhã tão formosa. Entendeu, minha linda? – disse Maria da Conceição, tentando dissuadir a criança daquele clima mental logo cedo.

– Mas Ceição – retrucava a mimada menina, da maneira com que estava acostumada a chamar a escrava –, quero dormir mais um pouquinho, estou com preguiça e vêm logo esses cantorezinhos irritantes me acordar!

– Minha filha, nem os passarinhos, nem ninguém mais por aqui, estão irritados, a não ser você. É tão melhor ser sempre alegre, querida. Por que você não tenta, hein? – disse, abrindo um belo sorriso de compreensão e carinho.

A criança, apesar de todos os maus modos, não conseguia resistir aos encantadores apelos de Maria da Conceição que, sempre de uma maneira ou de outra, com seu "jeitinho" cheio de ternura, conseguia acalmar a menina.

– Vamos, vamos, meu bem, Nhá Augusta já está nos esperando porque hoje tem passeio na Cachoeira, e nós duas já devemos estar atrasadas.

– Está bem, Ceição; ajude-me a trocar de roupa, já que eu sou obrigada a ir a esse passeio tão desagradável que minha mãe sempre inventa.

– Clarinha, o passeio às Cachoeiras é mais uma das coisas bonitas que o coração bondoso de Sinhá Augusta fez aqui na Fazenda, quando toda essa gente tem a oportunidade de aprender as lições de amor de Nosso Senhor Jesus Cristo. São tantas as injustiças e sofrimentos que todos os escravos têm que passar, que essas pequenas, mas tão lindas atitudes da senhora sua mãezinha é que fazem a gente se lembrar que dias melhores virão, seja aqui ou mesmo do outro lado da vida, porque Deus, o Nosso Pai, está olhando por todos nós, apesar das penas que, por enquanto, a gente tem que passar.

Dona Augusta, a esposa do Coronel Oliveira e mãe de Clara, não era ninguém mais que Marieta em novo corpo físico, a abraçar novamente a prova do matrimônio com seu anterior marido, Antônio.

Possuía uma alma magnânima, revoltada com a situação de tratamento subumano a que eram submetidos os escravos, mas infelizmente, sem poder real para livrá-los da tirania vigente, dos senhores de engenho da época, como o Coronel. Tentava, a seu modo, aliviar os sofrimentos de tantos, realizando passeios semanais a uma das quatro belas cachoeiras que havia na propriedade e que Dona Augusta batizara com os nomes das quatro estações do ano.

Ali ensinava temas evangélicos para as crianças brancas e negras e para algumas mães que conseguia fazer se ausentarem do trabalho, em esquema de revezamento. Seu verdadeiro desejo era diminuir o sentimento de revolta que reinava entre os escravos, fazendo todos se aproximarem como irmãos, exercendo o legítimo título de cristã, na esperança de algum dia ter a possibilidade de modificar a condição absurda da escravatura.

O Coronel João Oliveira estava em viagem ao litoral para compra de novos escravos de um recém-chegado tumbeiro[17] que estava atracado no porto do Rio de Janeiro, já que os quase duzentos que possuía pareciam insuficientes à enorme produção de açúcar que almejava, em sua ambição de ganho desmedido.

Era o personagem cuja ausência era quase comemorada, devido ao terror que seu estilo cruel de administrar o Engenho provocava.

Dona Augusta também se sentia mais à vontade para realizar suas reuniões doutrinárias no cenário esplendoroso que a Natureza ali proporcionava, às margens das quedas d'água da Santa Clara.

Logo, então, caminhavam juntas, Dona Augusta, de mãos dadas com Clarinha e com Maria da Conceição, fazia questão de, sempre que possível, desfilar pelo chão daquela fazenda em pé de igualdade com aquela que, apesar de escrava, considerava uma irmã querida.

Durante a caminhada até a cachoeira, onde se daria o encontro naquela manhã, Maria da Conceição pediu licença à sinhá para cumprimentar seu filho Benedito, um forte rapaz no vigor de seus 18 anos, que trabalhava consertando uma cerca a alguns metros da estradinha principal.

Era fácil perceber a afinidade profunda que Benedito e Conceição sentiam quando aqueles olhares de mãe e filho se encontravam, somente explicada pela existência de nossas vidas pregressas.

– Bom-dia, filho querido, como tem andado o meu coração? – perguntou Maria da Conceição, osculando a face de seu filho dileto.

---

17 *Tumbeiro: navio destinado ao tráfico de escravos.*

– Eu vou indo na medida do possível, não é mesmo, minha mãe? Não é fácil ficar sabendo que tantos outros irmãos estão chegando para serem escravos, pelas mãos daquele Coronel maldoso.

– Benedito, meu bem! Quantas vezes tenho que lhe dizer que a revolta não adianta em nada, só nos atrapalha. Você deve deixar o perdão falar mais alto. Um dia, Deus há de fazer com que toda essa gente tenha uma vida melhor. Não vê Sinhá Augusta? É a bondade em pessoa, apesar de ter nascido em berço de ouro. Dê esta alegria para sua mãe, preocupada em saber se você não vai me aprontar nenhuma bobagem para fazer justiça com as próprias mãos.

– Isso eu não posso garantir, minha mãe! Não sei até quando eu vou aguentar ver esse endiabrado do Coronel tratar meus irmãos como se fossem bichos da pior qualidade.

– Meu tesouro querido! Lá no alto, antes que nós pudéssemos pensar em ver a luz na nossa escada da evolução, o grande Pai já olhava por nós, permitindo a chance de nascermos nesse mundo, livres sobre nossos atos, para aprendermos a respeitar uns aos outros; somos ainda muito pequeninos e erramos por demais no passado distante de outras vidas, das quais a gente não se lembra mais. Olhe em torno de você. A árvore contará que se esforça todos os meses do ano para nos dar os seus frutos sem nada pedir em troca, em nome do Criador; os homens têm que prestar atenção na Natureza divina para aprender que todos nós somos irmãos. Se sofrermos pela tirania de alguns é por pura ignorância deles, mas se trabalharmos e servirmos com alegria, entendendo a dor como meio de nossos Espíritos crescerem, alcançaremos dias de paz, na graça de Nosso Senhor – concluiu Maria da Conceição que, quando falava, tudo em torno parecia silenciar e se elevar.

– Tenho que ir agora, meu filho. Fique com Deus. A gente proseia sobre isto mais tarde.

E voltou, com o rosto apreensivo e o coração amargurado pela rebeldia que o filho, apesar de seus conselhos, sentia.

Não conseguia deixar de se lembrar, preocupada, dos olhos verdes que o seu filho, embora mulato, tinha e que traduziam sempre tanto desgosto com a situação injusta de seus irmãos.

Havia aprendido Benedito, pela sabedoria superior de sua mãe, que todos somos irmãos, independentemente de nossa cor ou condição, mas não se conformava com tanto sofrimento e dor causados pela escravidão.

– O que foi, minha Ceição? Por que este rosto tão triste? – perguntou Dona Augusta, com inflexão de carinho.

– Nada não, sinhá! É só o Benedito que me preocupa tanto com suas ideias de liberdade.

– Minha boa e fiel amiga, o sonho de liberdade de Benedito também é o meu, o seu e o de todos aqui, com exceção de meu esposo, mergulhado na ganância material, esquecendo-se de que todos somos irmãos perante o Nosso Pai Comum, que está nos Céus. Um dia, Ele há de permitir que nós tenhamos, nessa mesma terra que pisamos agora, um lugar de harmonia entre todos. Oremos ao Pai para que isto não tarde e para que saibamos esperar com paciência e resignação, confiantes na chegada desse feliz dia.

Após alguns passos, chegaram então à Cachoeira Primavera, o local escolhido para a reunião daquela manhã; adornada com maravilhosas flores que na estação própria misturavam-se em todos os matizes, tornando deslumbrante o lugar, como agora em que estavam no mês de setembro.

Todas as quedas d'água eram belíssimas.

A cachoeira Verão era um verdadeiro louvor ao Sol. Dona Augusta havia mandado nivelar e gramar o terreno, deixando-o um tapete verde, onde a criançada levava as cestas de convescote cheias dos deliciosos lanches preparados por Maria da Conceição. O gramado era banhado pelo sol de verão, tornando-o uma mistura de todos os tons de verde, do mais claro ao mais escuro, misturados às árvores frondosas que proporcionavam sombra refrescante aos seus visitantes. Embaixo de cada uma delas foram colocados bancos e mesas feitas de troncos para acomodarem as crianças e os livros de ensino evangélico.

A Outono era circundada por laranjeiras, pessegueiros, goiabeiras, amoreiras e tantos outros pés frutíferos, fazendo o regalo das crianças, que subiam às árvores para colher as frutas, degustando-as com prazer.

Por fim, a cachoeira Inverno onde, por orientação de Dona Augusta, haviam sido plantadas centenas de pés de azaleias brancas, flores típicas do inverno, distribuídas nas encostas e no terreno plano, dando a impressão de estar toda a região coberta de neve, em tempos de florada.

Naquela manhã tão agradável, quando se conseguiu acalmar a excitação natural das crianças, todos se sentaram em círculo em volta de Dona Augusta e de Maria da Conceição, que segurava carinhosamente no colo Tião, que perdera a mãe no momento do parto e encontrara nela e em todos ali um carinho especial, tornando-se de imediato o xodozinho da fazenda. Após bonita melodia entoada por Conceição, seguida por todas aquelas vozes infantis cantando aleluias ao Criador, Dona Augusta abriu a Bíblia e leu para as crianças a passagem de Natal, quando Maria, Mãe de Jesus, chegou a Belém.

Os olhinhos dos pequeninos, já habituados à graça com que a Sinhá contava as passagens da Bíblia em linguagem acessível, fitavam-na ansiosos, aguardando as primeiras palavras do conto daquela manhã:

– Naquele tempo, todos tinham que se alistar em sua própria cidade, por ordem do imperador de Roma, César Augusto.

Sendo José, marido de Maria, da Casa de Davi, partiu de Nazaré, cidade em que vivia, para Belém, onde os da Casa de Davi deveriam se alistar.

Herodes, rei da Judéia, recebera a visita dos três reis magos: Gaspar, Belchior e Baltazar, este de cor negra como você, meu queridinho – disse Dona Augusta, passando a mão por sobre a cabeça de Tião, como a querer demonstrar que os reis podem ser negros ou brancos e que na história de Jesus as raças se misturam sem qualquer preconceito.

Os reis contaram a Herodes que vinham em busca do menino que seria o Rei dos Judeus, conforme um anjo lhes havia anunciado.

Herodes assustou-se com aquela informação, mandando procurar o Menino Jesus, pois temia que Aquele Menino tivesse vindo para lhe tirar o reinado.

José e Maria, como não encontravam nenhuma estalagem que os pudesse receber, pois a cidade estava cheia de pessoas que tinham vindo se alistar, tiveram que se hospedar em uma estrebaria, uma vez que Maria estava prestes a dar à luz o Menino Jesus.

Uma estrela cadente, com uma grande cauda, apareceu no céu para indicar aos reis magos e aos pastores da região onde o Menino nasceria.

O Menino, então, nasceu entre vaquinhas, cavalinhos e carneirinhos.

Os reis levaram muitos presentes a Jesus e O reverenciaram como a um verdadeiro reizinho, pois mais evoluídos que os seus companheiros daquela época, sabiam estar diante de Nosso Salvador.

Herodes, como não sabia onde Jesus estava, mandou matar todos os meninos que havia em Belém com menos de dois anos de idade.

José foi avisado por um anjo das intenções de Herodes. Levou, então, Maria e o Menino Jesus para o Egito, permanecendo por lá até a morte de Herodes para proteger Nosso Senhor e Nossa Mãe Santíssima Maria.

Mas, como todos vocês já sabem, nada aconteceu ao Nosso Senhor até ele se tornar adulto e nos deixar todas as lições que estudamos aqui em Seu Divino Evangelho e que são o caminho verdadeiro de nossa evolução e da felicidade entre todos os homens.

123

As crianças estavam todas quietinhas, com os olhares presos ao rosto da doce senhora, encantados com a história que Dona Augusta acabara de contar, com grande graça, enfeitando a narração com gestos e sons que deixavam as crianças viajarem na imaginação.

– Na semana que vem, vou continuar contando a história de Jesus – disse sorrindo às crianças, comovida por ver que algumas tinham os olhinhos rasos d'água.

Houve um ah!!!... geral, pois todos ansiavam pela continuação da história.

– Agora, quero que façam uma roda com Maria da Conceição e cantem com ela, para depois saborearmos as gostosas broas que ela nos preparou.

As crianças, alegres, deram-se as mãos, assim como as mães brancas e negras o fizeram, aderindo ao ambiente fraterno que ali reinava, e acompanharam Conceição com sua maravilhosa voz, numa linda canção.

Clarinha, porém, ao saber que teria que dar as mãos aos negrinhos, filhos dos escravos, esquivou-se e foi sentar-se bem longe.

Rodrigo (Carlo), um alegre e belo rapazinho de doze anos, era filho adotivo de Dona Augusta e do Coronel Oliveira, filho de um grande amigo de infância do Coronel com uma de suas escravas. Prometera ao amigo, em seu leito de morte, que cuidaria de seu filho com desvelo como prova da estima que lhe devotava.

Rodrigo, agora em sua nova existência, conservava duas coisas de sua vida anterior: o amor por Clara (Bianca) e os seus lindos olhos cor de mel.

Percebendo o que a menina havia feito, pegou uma maçã, deu-lhe um lustro na camisa e foi levar para ela.

– Clarinha, veja o que eu lhe trouxe! – disse, oferecendo-lhe a fruta em meio a um sorriso.

– O que é isso? – perguntou Clara, pegando com as pequenas mãos a bonita maçã que Rodrigo lhe presenteara.

– É uma maçã que eu mesmo escolhi para você! Coma, veja se é gostosa – pediu o garoto, com os olhinhos brilhando de emoção.

A princípio, Rodrigo achou que a menina havia gostado e, quando já estava abrindo um sorriso de contentamento, Clara levantou-se, dizendo:

– Olhe o que eu faço com a sua maçã! – atirou a fruta ao chão, pisoteando-a até que nada mais restasse.

Aqueles mesmos olhinhos trocaram o brilho pelo marejado, que não tardou em derramar as lágrimas, já que ele não conseguia compreender o porquê daqueles maus tratos.

Clarinha saiu correndo em direção a Conceição, que de longe tudo presenciara.

Rodrigo pôs a pequena cabeça entre as mãos e chorou com o coração cheio de tristeza.

– O que a sinhazinha fez? – perguntou a boa negra quando a menina se aproximou. – Por que essa maldade com Rodrigo? Ele lhe quer tão bem, é seu irmão, por que maltratá-lo desse jeito?

– Não, ele não é meu irmão, não repita mais isso. Olha a cor da minha pele, sou branca, está entendendo? Não admito que ninguém diga que tenho um irmão negro – falou a menina em tom soberbo.

– Minha filha, você não pode fazer assim; acabamos de ouvir lindas histórias que a sinhá contou do Menino Jesus e por certo Ele deve estar muito triste com você.

– Bobagens – disse Clara com o narizinho para cima –, quero ir embora, você sabe que venho a estes passeios obrigada, mas detesto isso. Mamãe! vamos embora, estou cansada e com sono – gritou a garota.

– Pois bem, minha filha – respondeu Dona Augusta, que nada percebera do que havia acontecido –, podemos voltar. Vamos, Conceição, junte a criançada, e vamos louvar a Deus por esta linda natureza e depois voltaremos para casa.

– Sim, sinhá, vamos lá – respondeu Maria da Conceição com seu jeito brejeiro –, façamos uma fila. Os meninos atrás de Rodrigo e as meninas atrás de Clarinha – disse a negra, colocando as criancinhas por ordem de tamanho, umas atrás das outras.

Dona Augusta fez o sinal da Cruz, acompanhada por todas as crianças, e orou:

– *Senhor, damo-Vos Graças pela maravilhosa tarde que nos concedestes, agradecemos por termos a saúde perfeita para aproveitarmos de tanta beleza, que é a prova incontestável da Vossa Presença. Permiti-nos, Senhor, termos novas oportunidades iguais a esta.*

E imediatamente retornaram.

Quando chegaram à Casa Grande, Clarinha foi direto para seu quarto. Estava mal-humorada, não queria falar com ninguém. Deitou-se e começou a pensar:

– É muito atrevido esse Rodrigo. Quem ele pensa que é para me dar presentes? Até que a maçã era bem bonita – considerou por um momento. Deixava sempre a impetuosidade tomar conta de suas ações, mas lá no fundo, a adoração que Rodrigo lhe devotava enchia seu coração de vaidade.

Por sua vez, o menino, que também se recolhera ao quarto, meditava no acontecido:

– Adoro a Clarinha. Gostaria de concretizar todos os seus desejos, mas parece que ela me detesta. Não sei mais o que fazer para agradá-la.

Nesse instante, alguém bateu à porta.

– Posso entrar? – perguntou Conceição de modo terno.

– Entre, Conceição – o tom de voz do menino revelava toda a tristeza que estava sentindo.

– Rodrigo, meu filho, não fique triste. Clarinha não faz por mal. É voluntariosa, mimada e acha que pode fazer o que quiser, mas no fundo é uma boa menina.

Passou a mão no cabelo encaracolado do menino, abraçando-o com carinho.

Rodrigo deitou a cabeça sobre aquele peito acolhedor, deixando que duas lágrimas rolassem pelo rosto.

– Eu sei. Por isso, sempre a perdoo. Um dia, ela irá entender o tanto que eu gosto dela – falou com esperança.

Maria da Conceição continuou acariciando aquela cabecinha até que, sonolento, o garoto adormeceu.

A história vivida por ambos em um passado distante respondia a tudo isto, sem que pudessem se dar conta dos porquês agora.

O benefício do esquecimento, em suas novas encarnações, confundia as duas crianças, as duas almas ligadas pelos laços de amor e mágoa de um tempo de outrora.

A manhã seguinte apresentou-se radiosa com o manto iluminado do sol banhando o Engenho, onde os passarinhos, alegremente na festa matutina, espalhavam os seus trinados por entre todas as árvores.

Tião, o garotinho, desde que nascera, havia despertado um grande ciúme em Clara.

Acostumada a ter toda a atenção de Conceição, sentiu o seu lugar ameaçado por aquela criaturinha de grandes olhos negros, tão vivos, que a tudo e a todos acompanhavam.

Clarinha acordou ainda com o mau humor do dia anterior, entrou na cozinha e com tom autoritário perguntou:

– Onde está a Conceição?

– Contando histórias ao Tião, sinhazinha – respondeu a cozinheira, com medo da menina. – Está lá fora no pomar.

– Outra vez? Não tem nada para fazer essa negra? Sempre às voltas com essa coisa negrinha? – disse, referindo-se a Tião.

Clarinha saiu atrás de Conceição. Quando viu a cena embaixo da mangueira, seu rosto tornou-se pálido.

Dirigiu-se ao local onde Conceição carinhosamente tinha Tião sobre os joelhos e lhe contava uma história, acariciando-lhe a cabecinha.

– O que você está fazendo, Conceição? Não mandei que cuidasse pessoalmente de engomar meu vestido branco de renda?

– Já está engomado, sinhazinha – respondeu com um sorriso maroto nos lábios, pois estava acostumada às demonstrações de ciúmes que Clara dava todas as vezes que a encontrava com Tião no colo.

– Então, venha ajudar-me a vesti-lo. Largue esse pretinho e venha me atender – disse grosseiramente.

Conceição se levantou, beijou o garotinho na face, dizendo:

– Fique aqui, que vou ajudar a sinhazinha e depois volto para continuar a história.

Colocou o pequeno no chão e acompanhou Clarinha até o quarto dela.

Lá chegando, começou a ajudar a menina a despir-se, falando:

– Você já está crescida, precisa mudar, é muito arrogante, não tem carinho nem para um menininho tão bonzinho como o Tião.

– Ceição, você, mais do que ninguém, sabe que não suporto que essa gente se misture conosco. Você teima em tratar aquele moleque como me tratava quando era pequena. Não tem cabimento, ele é um escravo, deve ficar no meio dos seus.

– Clarinha, eu também sou negra. Respeito meu povo, tenho orgulho de meus antepassados. Todos nós eramos felizes em nossa terra, o branco nos roubou de nossas casas e trata os negros como se não fossem seres humanos.

– Você é diferente. Está com minha mãe há muitos anos e exatamente por isso não deveria se misturar com os da senzala. Vou pedir para meu pai mandar aquele moleque embora daqui. Não suporto a cara dele.

Conceição, sempre sorrindo, terminou de vestir a menina, compreendendo o ciúme que ela sentia de seu carinho por Tião.

Capítulo 2

Os novos escravos

O PEQUENO GRUPO VOLTAVA da cachoeira Primavera, dirigindo-se à via principal do engenho, que levava à casa grande, quando avistaram a comitiva do Coronel Oliveira se aproximando.

Na frente vinha o capataz, Josué, que tirou o chapéu para cumprimentar Dona Augusta:

– Bom-dia, sinhá! O Coronel já vem chegando com quarenta novos boçais[18].

Dona Augusta apertou fortemente a mão de Maria da Conceição e seu semblante fechou-se em tristeza e preocupação:

– Oh, meu Deus! O João cumpriu mesmo sua promessa de comprar mais escravos. Pobres criaturas, arrancadas de sua terra-natal para o suplício e a humilhação da escravidão. Deus tenha piedade de meu marido e desses pobrezinhos!

---

18 *boçais: assim eram chamados os africanos recém-chegados, que não conheciam a língua nem as práticas produtivas, sendo portanto mais baratos que os "ladinos", os negros escravos já acostumados à terra, à língua e ao tipo de trabalho em que eram requisitados.*

E as duas bondosas mulheres assistiram compungidas ao triste cortejo.

Depois de descerem das carroças que os trouxeram, foram novamente colocados em libambos[19] e caminharam vagarosamente, seguindo a condução do capataz até a praça localizada a uns cem metros da casa grande, que ostentava um grande tronco central e um pequeno palco ao lado, onde era proferida a palestra inicial do coronel aos novos escravos.

O Coronel Oliveira recebeu o seu cavalo de um empregado e foi até o centro dessa praça, onde os olhares de quarenta infelizes o fitavam amarguradamente. Então, assessorado por um escravo que servia de intérprete da língua ioruba, começou seu discurso:

– Vocês chegaram à Fazenda Santa Clara e têm muita sorte por isso. Terão o que comer desde que trabalhem convenientemente. Aqui não existe a palavra rebeldia, pois, quando alguém resolver pronunciá-la, esse tronco será a primeira resposta. Em caso de reincidência, talvez não haja o tronco lhe esperando, mas um facão afiado na garganta! O resto das instruções e ordens vocês receberão de Josué, meu capataz – disse o coronel em entonação carregada de descaso para com seus irmãos em Deus.

Josué começou, então, a discorrer sobre o esquema de trabalho no engenho da Fazenda Santa Clara.

O trabalho ali era terrível. Durante todo o ano, sob o sol abrasador, em duras, repetidas e longas tarefas, pelejavam os pobres escravos.

A sequência queimar, limpar, plantar, roçar e colher parecia interminável, num dia que durava em média dezoito horas ininterruptas.

Em tempos de safra, mourejava-se sem descanso; às vezes, quinze dias seguidos, sem parada.

---

19 *libambo: a corrente, corda, madeira ou bambu que atavam os cativos pelo pescoço e os faziam andar em fila indiana.*

As pesadas cargas de trabalho eram conhecidas como a "tarefa".

Se terminassem o serviço a tempo, o que era difícil, podiam descansar. Se não, apanhavam.

Muitas vezes, o cativo, exausto, dormia em pé.

Perto das prensas havia sempre afiados facões para amputar mãos ou braços esmagados de escravos que, ébrios de sono, introduziam as mãos nas máquinas junto aos feixes de cana-de-açúcar.

Eram tão terríveis as condições de vida nos engenhos, que a vida média produtiva de um jovem e sadio africano raramente ultrapassava dez anos.

Geralmente, passavam fome, já que a comida era cara e os senhores só permitiam o cultivo de pequenas hortas para alimentar as escravarias, juntamente com farinha de mandioca misturada com bananas ou feijão. Comiam em pé ou de cócoras o alimento trazido em gamelas ou coités[20], com colheres de pau ou com as mãos.

As senzalas consistiam em barracões quadrados, com uma ou duas portas e, nas paredes, minúsculas aberturas.

Os cativos acendiam fogueiras para preparar a comida, aquecerem-se, espantarem os insetos e os maus Espíritos, como acreditavam.

À noite, após serem contados, eram colocados dentro das senzalas e a porta acorrentada.

Não tinham direito a se casar, e os filhos não eram bem-vindos. Os amos preferiam comprar novos escravos em idade produtiva, o que era mais barato e fácil, a permitir que as mães cuidassem de seus filhinhos.

O castigo e a tortura eram uma prática comum e um direito senhorial reconhecido e apoiado pelo Estado e pela Igreja.

---

20 *pequena vasilha feita com o fruto da cuieira.*

Existia a "casa do tronco", local onde se castigavam os cativos desobedientes, deixando-os presos ao "tronco", um instrumento em forma de uma tesoura sem cabo, de madeira que, quando fechado, prendia os pés, as mãos e até mesmo o pescoço dos cativos para, então, torturá-los.

Esse era o triste quadro da grande maioria dos engenhos de então, seguido à risca pelo Coronel Oliveira, que não queria se preocupar com problemas, mas sim com o seu lucro e bem-estar.

Capítulo 3

A primeira noite na senzala

MARIA DA CONCEIÇÃO FEZ questão, apesar de não viver na senzala, de passar aquela noite ali para recepcionar os irmãos que chegavam de tão difícil jornada.

Corria de um em um, acalmando o terror que estava estampado em cada face, assim como, providenciando os cuidados básicos àqueles que se encontravam feridos ou doentes.

Contava com a ajuda de Simão, um negro velho, experto em poções e plantas, que distribuía seus préstimos com muito carinho e dedicação a todas aquelas pobres criaturas assustadas com as perspectivas do dia de amanhã.

Após mais de quatro horas de trabalho intenso de auxílio a todos, Maria da Conceição, que era respeitada e venerada de maneira unânime, fez uso de sua palavra elevada para distribuir calma e luz dentre um ambiente tão carregado:

– Meus queridos irmãos e amigos! Vocês estão chegando às terras da Fazenda Santa Clara, em um canto desse grande Brasil,

133

quase tão grande como nossa mãe África. Eu sei o que estão passando agora, com os corações tão amargurados, com a tristeza tomando conta desses peitos como se a vida não valesse mais a pena ser vivida, pois um dia eu também passei por isso. A revolta é grande, mas isto é um grande pecado com Nosso Pai Oxalá. Ele nos mandou aqui pra que nós vivêssemos e respeitássemos a vida. Alguns não respeitam a vida, as famílias, a liberdade e os seus irmãos, como o Coronel Oliveira, mas isso não quer dizer que todos sejam assim. É verdade que aqui há muita dor, muito trabalho, muita coisa ruim. Mas também existe muita coisa boa. Nós nos tornamos cada vez uma família maior, com mais irmãos fazendo parte dela. Temos aqui um anjo chamado Sinhá Augusta, a mulher do Coronel, que não aceita, assim como nós, a escravidão e que, um dia, vai conseguir mudar tudo isto. Mas é preciso que tenhamos paciência e calma para esperar pelos dias melhores. Se nos revoltarmos e enfrentarmos o poder do Coronel, só iremos encontrar mais sofrimento pela frente e, às vezes, até a morte mais cedo. Se, porém, aguardarmos unidos e confiantes, na bondade de Oxalá, e suportarmos esses tempos ruins, tudo será mais fácil. O motivo desse sofrimento tem explicação em erros de nossas vidas passadas, das quais não lembramos. O Nosso Pai Oxalá, que vamos reverenciar aqui, nas nossas noites de oração, não vai se esquecer de Seus filhos e vai permitir que uma nova aurora apareça, em tempos de justiça e amor entre todos os irmãos, sejam brancos ou negros. Agora, vamos todos descansar da viagem difícil que vocês tiveram, orando juntos para que Nosso Senhor nos ajude:

Querido Pai Oxalá:

Escuta nosso apelo, agora que nossa família aumentou mais uma vez.

É natural que nosso coração, ainda muito pequeno, junto com a nossa cabeça muito atrasada permitam a revolta contra a tirania e os desmandos do Coronel, contrariando Tua vontade, que é sempre o melhor para todos nós.

Mas queremos entender Tuas lições de amor e perdão e pedir forças para suportarmos calados nossa dor, até o dia em que o Senhor, junto ao coração de Nossa Senhora, permita que dias mais felizes cheguem à Fazenda Santa Clara.

Confiando na Tua bondade sem fim, pedimos a Tua bênção para todos nós!

Amém.

Após a prece sentida, que provocou um mar de choro entre tantos, ansiosos por um momento de paz, diante de tanto sofrer, um respeitoso silêncio ali se fez. Mesmo aqueles, que pela ansiedade e medo estavam tão agitados, conseguiram conciliar algumas horas de sono até a manhã seguinte, quando o duro e implacável esquema de trabalho no engenho recomeçaria.

Capítulo 4

A primeira manhã de uma família maior de escravos

NEM BEM DESPONTARAM os primeiros raios de sol, o feitor Josué e seus ajudantes foram conduzindo o novo grupo de escravos à base do chicote e da violência.

Os pobres homens, que ainda obviamente estampavam no rosto o terror da situação do cativeiro cruel, nem haviam se refeito da extenuante jornada e já estavam sendo levados, como se fossem uma manada, para a produção que não podia esperar.

Benedito, o mestiço de olhos verdes, era fruto de uma violência, cometida pelo Coronel Oliveira contra Conceição, em uma das suas habituais noites em que se embebedava e atacava as jovens escravas às escondidas. Ninguém sabia deste fato, a não ser Conceição. Nem mesmo o coronel tinha conhecimento disto, já que, na ocasião, tinha sua mente obnubilada pelo álcool.

Benedito, por sua vez, era um Espírito superior, que a Bondade de Deus tinha permitido se aproximar de Maria da Conceição, nessa difícil reencarnação, para juntos realizarem uma missão de paz.

Era um Espírito especialmente ligado à natureza e aos animais, que identificavam sua superioridade e, portanto, não o temiam.

Os passarinhos vinham lhe saudar em festa, onde quer que Benedito estivesse, e até os animais mais bravios se acalmavam com seu simples toque.

Ele sempre dizia estar na paisagem da natureza, na beleza e perfeição da fauna e da flora as maiores provas da existência de Deus.

Por esse especial dom, Benedito era o encarregado de todas as criações de animais do engenho, aos quais tratava com desvelado carinho.

Maria da Conceição, outro Espírito elevadíssimo, tinha em seu filho a consolação e a felicidade de partilhar sua atual existência com alguém que amava desde, certamente, outras vidas.

Saiu Conceição bem cedo à procura de seu bem-amado filho. Não tardou em localizá-lo perto de uma grande goiabeira, pelo ruído que o bando de passarinhos fazia em torno dele.

– Benedito! Bom-dia, meu querido!

– Bom-dia, mamãe. Viu como o céu está especialmente bonito hoje? Não combina em nada com a tristeza de ver nossos novos irmãos nesse sofrimento.

– Eu também acho o mesmo, meu filho, assim como Nosso Senhor deve estar sofrendo mais do que nós dois juntos diante de tanta injustiça entre Seus filhos. Mas o melhor é saber que podemos superar a dor com paciência e que, certamente, dias melhores virão.

– Ah, mamãe! Como eu gostaria de ter a serenidade que a senhora tem. Minha fé em Deus é grande, pois aprendi a respeitar

Seus desígnios. Mas eu não consigo deixar de querer fazer algo para abrandar o sofrimento e lutar pela sagrada liberdade desses meus irmãozinhos.

– Pois, então, espere um pouco mais. A precipitação em ajudar sem raciocinar pode piorar a situação de todos. Confiemos em Deus, meu amor!

E os dois se abraçaram fortemente, aumentando a cantoria dos passarinhos em volta, que reconheciam, por certo, os eflúvios superiores deles emanados.

Mas os conselhos de Maria da Conceição, na verdade, não conseguiriam deter a sede de justiça e liberdade de Benedito e, logo mais, esta ânsia de seu amado filho iria produzir muito sofrimento para a boa mulher.

Alguns metros dali, enquanto Josué, o frio capataz, conduzia o novo grupo ao trabalho, um jovenzinho negro, que não contava mais do que quinze anos de idade, tinha dificuldade em caminhar, por causa de uma grande ferida aberta que vertia sangue e pus pela infecção ativa; mas isso não era suficiente para sensibilizar o feitor, que ordenava que seguisse com os outros para a dura lida, à base da chibata.

Benedito, quando se deu conta da situação que ali acontecia, não teve dúvida em sair em socorro ao seu irmão em necessidade.

Josué, assim como o Coronel Oliveira, estava farto dos arroubos de insubordinação e ideias de liberdade que Benedito sempre demonstrava.

O rapaz era alfabetizado por esforço de Dona Augusta e Maria da Conceição. Dono de uma inteligência brilhante, capaz de argumentar com facilidade com seus interlocutores, inclusive com o Coronel, que frequentemente relevava a rebeldia do jovem por intervenção de sua esposa Dona Augusta.

O Coronel mal imaginava tratar-se de seu próprio filho.

– Pare de ser cruel, Josué! Já imaginou se fosse o seu pé que estivesse em petição de miséria como o desse pobre rapaz? Um homem a menos não vai fazer a menor falta entre as outras centenas que estão nos campos. Deixe-o em paz, pelo amor de Deus!

– Cale-se, escravo engomadinho! Pensa que é quem, hein? Saia da minha frente senão o chicote vai ter duplo alvo.

– Pois então, venha com sua impiedosa chibata para o meu lombo, pois esse menino precisa de cuidados. Eu irei em seu lugar para a lida, se isto é tão importante para o lucro do Coronel!

– Eu não vou mais perder meu tempo com você, seu negro metido!

E sacou seu chicote, desferindo dois golpes certeiros no tórax desnudo de Benedito.

O capataz, cansado de tantas interferências em favor dos escravos, quase todos os dias, feitas por Benedito e, repleto das piores intenções, saiu em disparada com o seu cavalo à procura do Coronel Oliveira, com a finalidade de implantar a calúnia para, quem sabe, na sua sede de maldade, eliminar de vez aquele estorvo que era Benedito.

Encontrou o Coronel despachando alguns papéis no escritório da casa grande.

Josué pediu para lhe falar e, com um tom bajulatório e cínico, começou:

– Coronel, meu senhor, dessa vez, aquele Benedito foi longe demais! Impediu que eu levasse um dos negros para o trabalho por causa de um machucadinho à toa no pé daquele boçal e ainda ficou fazendo discurso aos outros negros para que eles se rebelassem e fugissem da fazenda para se libertarem de sua tirania – mentiu o servo infeliz, com a clara intenção de se livrar de Benedito.

– Mas que desgraçado esse negro! Deixei que ele tivesse uma vida fácil, por influência de Augusta e daquela negra feiticeira, Conceição, e olhe só no que deu! Insuflar uma revolução em minha fazenda, de jeito nenhum. Já está na hora de eu tomar uma atitude definitiva em relação a esse ingrato!

140

Um grande tumulto logo se produziu, com o Coronel gritando as ordens de punição a Benedito.

Josué voltou satisfeito, após perceber que sua intriga havia produzido efeito, já com autorização para colocar Benedito amarrado ao tronco. Este, altivo, mas humilde, submeteu-se, sem revolta, à ordem do Coronel.

Em poucos minutos, encontrava-se preso ao tronco, no centro do terreiro em frente à casa grande.

Quando um escravo era levado ao tronco, ninguém podia se aproximar para lhe levar água ou alimento, sob pena de ter que acompanhar o castigado.

Maria da Conceição e Dona Augusta assistiam de longe ao sofrimento do rapaz, sem nada poderem fazer, já que, nessas horas graves, ninguém se atrevia a desafiar as decisões do Coronel.

Ao entardecer, o Coronel mandou convocar a todos, comunicando sua decisão de vender Benedito, sem dizer a ninguém o seu paradeiro.

O objetivo era para que isso servisse de exemplo a quem se aventurasse a se rebelar contra as suas ordens.

Eram comuns as vendas de escravos, separando-os de seus familiares, o que, certamente, era uma das maiores formas de tortura.

A morte produziria prejuízo financeiro, e a venda era uma forma mais lucrativa de castigar.

Após muito tempo, quando já ia alta a madrugada e o manto do ocaso cobria a abóbada celeste de estrelas, Conceição, não suportando esperar mais, desafiou o perigo de ser pega e foi ao encontro de seu filho.

Chegando próxima ao rosto suado e abatido de seu amado Benedito, mesmo Conceição, tão forte diante da dor de seus irmãos, não conseguiu conter as lágrimas que lhe inundavam as faces:

– Meu anjo amado! Não se preocupe com nada! Ninguém nem coisa alguma no mundo podem separar nossos corações – disse a mãe amorosa, acariciando os cabelos do rapaz.

– Prometa, mamãe, que a senhora vai me esperar, porque eu vou voltar aqui um dia, quando tanta tirania e crueldade não mais existirem, pois eu sei que Deus é justo e há de permitir que isso aconteça. Só lhe peço que não sofra por mim. Eu sei me cuidar muito bem e, onde estiver, olharei a mesma lua que a senhora estiver olhando, como a de hoje que brilha no céu; conversaremos em pensamento e, então, repetirei o quanto lhe quero bem.

– Isso mesmo, meu pequeno tesouro! O Pai é imensamente bom e vai permitir o nosso reencontro em breve – disse Conceição, molhando os lábios de Benedito com um pano úmido que trouxera, beijando-o delicadamente em seguida.

– Vai agora, minha mãe. Tudo há de correr bem. Não quero que a senhora corra perigo.

Os dois se olharam profundamente, com aquele que seria o olhar de despedida de dois seres que tanto se amavam. E Conceição saiu cabisbaixa, chorando baixinho, rumo à sua choupana.

Tão logo amanheceu o dia, Josué, satisfeito, já havia preparado a carroça que levaria Benedito ao seu destino desconhecido, pois seria vendido ao mercador mais próximo.

No momento de a carroça partir, um grande grupo de escravos se formou para, com seus acenos, despedirem-se comovidos daquele que era bom indistintamente, não só para os animaizinhos, como também para todos os seus irmãos em sofrimento, para os quais ele certamente faria muita falta.

Com a dor de um coração dilacerado, como estava, Maria da Conceição viu, como a última cena de seu filho partindo, uma carroça diminuindo à distância, acompanhada por um bando de passarinhos que revoavam sobre o teto daquele carro rudimentar, enquanto suas lágrimas escorriam, e ela balbuciava "adeus, meu anjo".

Capítulo 5

A verdade

MESMO COM TODA A fortaleza característica de Maria da Conceição, que demonstrava inclusive nos momentos mais difíceis em que auxiliava a tantos a enfrentar, a separação de Benedito tinha sido um baque por demais pesado, e ela caíra prostrada no leito no dia seguinte ao triste acontecimento.

Dona Augusta, tão logo pôde, dirigiu-se até ela para tentar confortá-la.

Sentou-se ao lado do leito de Conceição, segurou-lhe as mãos e disse ternamente:

– Querida amiga, sabe que eu a considero como uma irmã que não tive. A dor que está sentindo agora pela partida de Benedito é tão grande em minha alma como na sua. Mas sinto em meu coração que, tão logo nos seja possível, traremos Benedito de volta ao nosso convívio. É só uma questão de tempo, meu bem. Não se deixe abater! Todos aqui precisamos tanto de você!

E as palavras de consolo de Dona Augusta traduziram a mais pura verdade, pois Maria da Conceição era a conselheira, a professora, a curandeira, a mentora e a mão amiga em todas as horas para todos naquele engenho.

– Muito obrigada, sinhá! Sabe que o que sente por mim é recíproco. Vou reagir! Nosso Pai há de amparar meu Benedito e vai trazê-lo de volta, na hora que achar mais certo.

Dito e feito. No dia seguinte, aquele exemplo de mulher chamada Maria da Conceição, amparada pela sua confiança inabalável em Deus e em Maria Santíssima, voltava às suas inúmeras tarefas de auxílio a todos os que pediam por sua ajuda.

Um pouco mais tarde, procurou Dona Augusta discretamente e pediu para lhe falar, dizendo tratar-se de um assunto da maior importância.

– Sinhá, minha querida sinhá! Sabe que eu sempre lhe fui fiel e nunca lhe omiti nada durante toda a minha vida neste Engenho, com exceção de uma coisa que eu não lhe revelei, por achar que a magoaria na ocasião. Benedito é filho do Coronel Oliveira, sem que ele, o próprio pai, ou o Benedito ou qualquer outra pessoa saibam disso.

Dona Augusta empalideceu imediatamente, apoiando-se em Conceição, que já a sustentava antecipadamente, prevendo o choque que esta revelação lhe traria.

– Mas como isso foi possível, Conceição? Não posso crer em uma barbaridade dessas!

– Não encaro assim, sinhá – disse com sua serenidade habitual –, pois apesar da violência abominável que eu e tantas outras escravas sofremos de homens brancos, Deus me enviou Benedito como o maior dos presentes que eu poderia ter nessa minha vida.

– Conte-me melhor essa história, Conceição! – solicitou Dona Augusta, um pouco mais refeita do choque que a notícia lhe causara, embora sem apresentar nenhuma revolta contra

Conceição, pois nela confiava integralmente, sabendo que se alguma culpa ali existia seria de seu marido.

E Conceição rememorou, detalhadamente, a noite em que tudo acontecera, há 19 anos:

– Estava recolhida à divisória que me era destinada na ala da antiga senzala que existia perto do açude quando, repentinamente, entrou o coronel, completamente bêbado, dizendo querer uma "fêmea" para aquela noite. Naquela época, sinhá, o velho coronel, pai do coronel Oliveira, permitia que seu filho varão tudo fizesse, inclusive dispor de pobres jovens escravas para contentar os seus desejos carnais e compensá-lo por ter-se separado da vida mundana que levava em Portugal. Ele entrou como um animal à procura de sua presa e me encontrou recolhida e assustada em um canto da senzala. Depois disso, sinhá, me senti sendo levada por amigos que não pertencem a este mundo para um lugar belíssimo, cheio de flores, que não têm comparação com as mais belas rosas que temos aqui na fazenda, um lugar onde se pode sentir a verdadeira paz daqueles que estão a serviço de Deus. Sei que para a sinhá não é fácil entender estas coisas do Espírito, mas haverá um dia em que a senhora tudo compreenderá e perceberá a beleza das obras de Nosso Pai. Acordei nos braços dessa minha protetora que dizia se chamar Colette, acompanhada por um belíssimo homem de nome Agnelo; ambos estavam envoltos em suave luz. Diziam para eu me acalmar e confiar na bondade de Nossa Senhora, que permitiu viessem em meu auxílio naquele momento doloroso, para revelar que, em breve, receberia um grande afeto como filho e que juntos trabalharíamos para o Cristo Jesus. Este afeto, sinhá, é o meu Benedito.

Dona Augusta ouvia a tudo estupefata, respeitando e acreditando em cada palavra daquela que sabia ser muito superior a ela no conhecimento dos mistérios da vida, apesar de sua condição social mais humilde.

– Esses amigos, sinhá, Colette e Agnelo, vêm até mim sempre como dois bons anjos, orientam-me nos momentos em que eu fraquejo ou preciso de uma ajuda especial em favor de alguém que pede por meu auxílio – continuou contando Conceição à Dona Augusta, com a maior naturalidade, como se falasse de coisas absolutamente corriqueiras.

– Eles me dizem que um dia nossa Santa Clara viverá dias de justiça, sob as bênçãos de Maria Santíssima, o que espero ansiosamente.

Dona Augusta não conseguiu conter a emoção e chorou abraçada a Conceição, em um clima de enlevo que nunca antes havia experimentado.

Capítulo 6

A fuga do coronel

O EGOÍSMO DO CORONEL Oliveira era patente, e ele sempre planejou, secretamente, deixar o Brasil rumo a Portugal, pois considerava a Europa um local civilizado e o Brasil, simplesmente uma colônia, terra primitiva onde poderia obter o ouro suficiente para os deleites materiais e sensuais que a corte oferecia aos bem amoedados.

Sua única ligação sentimental, que contrariava o seu rude coração, era a pequena Clara.

Apesar de a menina destoar do intenso desejo de ter um varão como primogênito e herdeiro, nutria pela pequenina algum afeto, pois ela aprendia com facilidade tudo o que ele lhe ensinava.

Interessava-se pelos negócios do Engenho e tratava os serviçais com ares de princesa, como o coronel a apelidara, exigindo que todos se dirigissem a ela dessa forma.

A menina, por sua vez, mesmo contando apenas dez primaveras, era muito esperta e por demais apegada ao seu pai, a quem tinha como exemplo máximo de perfeição.

Clara não poderia imaginar que o coronel planejava, há muito, transferir-se para Lisboa para "aproveitar a vida enquanto fosse tempo", como ele dizia.

Quem sabe, voltaria à Santa Clara para passar a sua velhice.

Não se preocupava com sua esposa, Dona Augusta, grávida de dois meses, nem com mais ninguém, com exceção da filha que, porém, em sua visão equivocada, era "uma criança" e esqueceria com facilidade a ausência do pai.

Quanto aos negócios, sua mulher daria um jeito de administrá-los.

Deixaria algum dinheiro para suprimento de uns três meses, e depois ela haveria de "se virar sozinha" com os empregados que já conheciam o ofício.

Tratou, após uma colheita recorde, de vender a maioria dos escravos.

Estava planejando, na verdade, amealhar o máximo de recursos financeiros para sua transferência para Portugal. Deixaria uns 50 escravos, que seriam mais do que suficientes para "tocar" os negócios, ao menos, para a manutenção da família que estava abandonando.

Era dezembro, e Clarinha pulou nos braços do Coronel, que sempre tratava de não permitir muitas carícias, pois as considerava atos de fraqueza.

– Papai, papai! O que você vai me trazer de Natal? – perguntou a criança, sorrindo e com os olhos brilhando.

– Agora não, menina! Não vê que eu estou muito ocupado? Vá falar dessas bobagens com sua mãe, que gosta dessas asneiras – e saiu andando, deixando a criança perplexa.

Clara correu para os braços de Maria da Conceição, que sempre estavam dispostos a acolhê-la, para reclamar da indiferença do pai:

– Ceição, por que o papai nunca tem tempo para mim? Eu sei que ele é bem poderoso e pode tudo, mas ele poderia dividir um pouquinho do seu tempo para conversar comigo. Eu queria tanto aprender a ser poderosa como ele, mandar nos escravos, contar bastante ouro e ser obedecida por todos.

– Minha filha – disse Maria da Conceição, acariciando os cabelos dourados da menina, que soluçava em seus delírios de posse material, influenciada pelo exemplo errôneo de seu pai –, você deve entender que seu pai é poderoso sim, mas ninguém, no fundo, é diferente de ninguém! Somos filhos do mesmo Deus, que quer a felicidade de todos. Seu papai é um homem muito ocupado e, por isso, não tem muito tempo para conversar com você. Mas lhe quer muito bem e ainda vai lhe dar muita atenção e carinho quando puder, está bem?

E assim, Clarinha foi se acalmando, até adormecer no colo macio de sua "mãe negra", como fazia desde muito pequena.

Não se passou uma semana e, sob o pretexto de uma viagem de negócios, lá se foi o Coronel Oliveira rumo à felicidade que, supostamente, encontraria na Europa, onde poderia ter uma vida mais "excitante".

Deixou simplesmente um bilhete sucinto, no qual dizia a Dona Augusta:

"Transfiro-me à capital do Império para tratar de negócios urgentes. Não tenho prazo para retorno. Tens recursos suficientes para tocares tuas necessidades. Comporta-te como deve comportar-se a esposa de um coronel de minha estirpe. Coronel João Oliveira".

Dona Augusta leu hesitante o bilhete, sentindo uma tontura que a fez sentar-se rapidamente para não cair.

Ao mesmo tempo em que era assustadora a notícia do coronel abandonar a família, era estranhamente confortadora a novidade.

Conseguira raciocinar, num relance, que a vida poderia ser mais feliz sem a presença daquele que era motivo de dor e medo entre todos ali.

Tão logo se recompôs, pediu ao capataz para convocar os escravos e serviçais para comunicar que, a partir daquela hora, estava na direção da Santa Clara e que todos os problemas e ordens deveriam ser reportados a ela.

Não sabia de onde estava tirando tanta coragem e força, mas, curiosamente, algo superior a impulsionava à liderança para, quem sabe, conseguir proporcionar dias melhores a todos.

Capítulo 7

Nasce uma nova Santa Clara

DONA AUGUSTA, CADA VEZ mais, sentia-se possuída por uma força positiva que a levava a ter um ânimo nunca antes experimentado.

Já no dia seguinte à surpreendente notícia da partida do coronel, mandou chamar Maria da Conceição que elegeria, desde então, como seu braço direito nas modificações que pretendia implantar na Fazenda Santa Clara.

Sinhá Augusta discutiu, pormenorizadamente, tudo o que dizia respeito à vida dos escravos e serviçais para traçar seus planos de mudança que, desde há muito, sonhava para aquele local.

Após três dias de intenso trabalho de planificação para a nova administração da fazenda, mandou convocar os habitantes, escravos e serviçais da Santa Clara para comunicar as boas novas.

151

Todos ouviram cada novidade com a surpresa e a alegria de quem vive um sonho bom acordado: reaproximação das famílias dos escravos que eram impedidas de morarem juntas; construção de casas individualizadas para cada família, a serem erguidas em sistema de mutirão; derrubada do tronco de castigos e criação de um conselho dos mais velhos, que se incumbiria das admoestações aos que interferissem na ordem geral; redução da jornada de trabalho e partilha da produção com os escravos; roupas limpas e decentes a todos; permissão para que cultivassem livremente seu culto religioso.

Mandou construir uma cobertura ampla, além da porta principal da igreja, para que, os que quisessem assistir à missa, ficassem protegidos do sol e da chuva; e, finalmente, liberdade aos escravos, tão logo se vislumbrasse a possibilidade de sobrevivência dos mesmos em outros lugares, uma vez que ainda não tinham recursos próprios e o mundo exterior era muito cruel para com os alforriados.

As mudanças eram arrojadas e perigosas na opinião do feitor que, a partir daquele dia, havia sido convidado a procurar um outro emprego em algum lugar onde houvesse vigente o sistema de escravatura que não mais existiria na Santa Clara.

Josué saiu, após juntar suas coisas, blasfemando, dizendo que Dona Augusta iria ser morta e saqueada pelos escravos que, na sua opinião, como na de tantos outros, não eram seres humanos, mas animais perigosos, devendo ser tratados como tal.

Nenhuma das previsões de Josué, porém, aconteceu.

Sob a liderança sábia de Dona Augusta e o respeito máximo que todos nutriam por Maria da Conceição, dias de muita felicidade chegaram às terras da Santa Clara. Não se poderia reconhecer ali o palco tristonho onde, há pouco tempo, havia só medo e desolação, causados pela mão do tirano Coronel.

Aquelas mudanças foram, para todos, sinônimo da mais pura e singela felicidade, opinião só não compartilhada por dois escravos que, desconfiados de que tudo aquilo não fosse real, preferiram ir embora, apesar da insistência de todos para que ficassem.

Os outros permaneceram, ficando cada vez mais integrados à grande família que passou a ser a gente daquele lugar.

Quando Dona Augusta deu à luz um lindo menino, batizado, como mandava a tradição da época, com o nome do pai, de João Oliveira Filho, todos os escravos e serviçais fizeram questão de visitá-la em seus aposentos, desejando-lhe saúde e felicidades.

Após a quarentena que se guardava no puerpério, começou a querer participar dos rituais religiosos dos escravos, que eram realizados onde funcionava a antiga senzala.

Combinaram, então, que as reuniões começariam com Dona Augusta e Maria da Conceição explicando textos do Evangelho de Jesus.

Nas missas, os textos evangélicos em latim eram inacessíveis ao entendimento, porém todos faziam questão de assisti-las em respeito à Sinhá.

Antes do início do rito africano, as lições do Divino Mestre ficavam claras a qualquer um, pela fácil forma de exposição das duas senhoras.

Provavam que, sem preconceitos, Jesus pode realmente estar onde um ou mais se reúnam em Seu nome, independentemente da forma de apresentação de Sua palavra redentora.

Depois, começava o bonito ritual, que sempre permitia a mediunidade ostensiva, com a incorporação de entidades, geralmente de africanos e índios, que vinham trazer seus conselhos e ajuda espiritual a todos que precisassem. Nenhum desses Espíritos deixava, porém, de se dirigir a Maria da Conceição, que cumprimentavam numa reverência especial, chamando-a de "Negra de Nossa Senhora", em respeito à alta ascendência espiritual a que pertencia e à sua ligação com as falanges que trabalhavam em louvor à Mãe Santíssima.

Capítulo 8

Um breve período de paz

JÁ SETE ANOS SE PASSAVAM desde que o coronel deixara a Fazenda Santa Clara. Foram sete anos de alegria e satisfação entre todos os que ali viviam.

Era tamanha a felicidade demonstrada pelos escravos, só chamados assim por força de hábito, pois viviam em completa liberdade, que as notícias de uma fazenda abolicionista se espalharam pelas redondezas.

O sonho de qualquer escravo era poder morar na fazenda dirigida por Sinhá Augusta.

Os senhores das fazendas vizinhas tinham na Santa Clara um mau exemplo a ser combatido. Mas, por serem menores e menos importantes politicamente, não representavam perigo imediato aos planos de liberdade e justiça ali implantados.

155

Era chegado um dia de festa na Santa Clara.

Havia sido feita uma campanha para a procura e recompra dos escravos vendidos e separados de suas famílias que ainda viviam ali.

Foi um projeto ousado e muito difícil, contando com a ajuda de todos nos trabalhos de localização, compra e transporte dos escravos de volta ao engenho.

Enfim, havia chegado o grande dia, após um ano e meio de esforços ininterruptos para encontrar a todos os que haviam sido barbaramente apartados de seus pais e irmãos com o objetivo único de serem castigados por alguma insubordinação.

Dona Augusta tinha solicitado reforços especiais a todos os seus ajudantes e contatos nas cidades vizinhas, assim como na capital da província, para localizarem Benedito.

Mas tudo havia sido em vão.

Ninguém, contudo, teve coragem de contar essa verdade a Maria da Conceição que, como todas as outras famílias, aguardava ansiosa a possibilidade de rever seu filho amado.

Arranjos de flores do campo enfeitavam todo o galpão central, onde seriam realizadas as comemorações dos reencontros.

Os escravos cantavam sem parar seus hinos natais, cheios de beleza e alegria.

Quando o Sol se encontrava quase a pino, avistaram-se ao longe as carroças que traziam a carga mais preciosa do mundo para aqueles que as esperavam: seus familiares.

Era tanto o contentamento que aplausos repetidos, choros de alegria e músicas intercalavam-se num clima de festa como jamais se teve notícia antes.

Após os abraços apertados e tão demorados, como se naqueles mesmos abraços tivessem receio de se perderem de novo, cada família fez questão de se dirigir a Dona Augusta para lhe beijar as mãos, num gesto que expressava toda a gratidão que sentiam por ela, que permitira tamanha ventura. Ela estava acompanhada de Joãozinho e de Rodrigo, que a tudo assistiam com satisfação.

Já Clara nunca perdera a pompa, achando um absurdo sua mãe contrariar todos os planos de seu pai, por quem esperava, dia após dia, sem imaginar que o mesmo nem cogitava retornar ao Brasil.

Maria da Conceição participou dos abraços a cada um dos que retornaram, felicitando a cada família que vibrava de alegria, como se ela própria não esperasse por alguém em especial. Porém, este alguém não chegou.

Dona Augusta, tão logo respondeu a todos os cumprimentos, dos quais tentava se esquivar por ser tão modesta, correu ao encontro de Conceição para consolá-la. Abraçou-a demoradamente e lhe disse:

– Pois é, minha querida, ainda não foi desta vez, mas nós haveremos de reencontrá-lo!

– Sem dúvida, sinhá! Meu menino vive em meu peito perenemente e Nossa Senhora há de me permitir a ventura de revê-lo, no momento certo para nós dois.

E as duas amigas caminharam de mãos dadas para o interior da casa grande, satisfeitas com o resultado obtido.

Capítulo 9

A partida da benfeitora

O DIA SEGUINTE À GRANDE festa de reencontro era dia de passeio à cachoeira para a preleção evangélica habitual.

Clara, agora contando 17 anos, cada vez se mostrava mais revoltada com a ausência do pai e com a maneira com que sua mãe dirigia a fazenda.

Acreditava que seu pai iria retornar a qualquer momento. Vivia com esta esperança, pensando que o coronel ficaria irado com a condução de seus negócios daquela maneira, totalmente contrária aos princípios por ele sempre apregoados.

Por enquanto, porém, era obrigada a obedecer à sua mãe, mas já não mais a acompanhava nos passeios às cachoeiras, alegando que não era mais criança.

Sinhá Augusta e Conceição continuavam a dar-lhe bons conselhos, orientando-a sobre os verdadeiros valores da vida, embasados numa conduta cristã.

Rodrigo era um rapaz muito belo, agora com 19 anos. Seus incomparáveis olhos cor de mel fascinavam a todos, especialmente junto a seus modos gentis e serenos, sempre associados a uma grande vontade de auxiliar e aprender.

Respeitava a cada um dos ensinamentos de Conceição e Dona Augusta, a quem tinha como sua verdadeira mãe. Continuava apaixonado por Clara, que o desprezava. Ele, porém, nunca desistia, tentando, de todos os modos, agradar àquela a quem julgava ser o único amor de sua vida.

Joãozinho era um encanto de criança. Mostrava uma vivacidade e inteligência singulares. Era dócil e tranquilo e seguia sua mãe e Conceição com alegria a todas as atividades que elas promoviam. Convivia com os filhos dos escravos como se fossem seus verdadeiros irmãos, apesar de ser louro e ter olhos azuis.

Já havia aprendido, desde muito pequeno, ser a pele apenas o nosso envoltório exterior, não importando a sua cor.

Agora substituía a irmã, acompanhando a mãe nos passeios, onde ajudava a compor as histórias que Dona Augusta contava, imitando a mãe nos trejeitos enquanto a narração transcorria animada.

Tinha seis anos, mas parecia um menino bem mais velho, pelas perguntas e colocações que fazia.

Gostava de observar sua mãe. Respeitava Conceição e não entendia por que os outros, principalmente Clara, não consideravam os negros como gente, já que não percebia qualquer diferença entre eles, a não ser a cor da pele.

Naquela tarde morna de setembro, o grupo costumeiro, com Conceição e Dona Augusta conduzindo as crianças, foi rumo à Primavera, para o estudo evangélico.

Josué, o capataz que fora despedido, cultivava um forte sentimento de vingança, inconformado com a perda do cargo que possuía, quando tinha o poder de espalhar medo e dor.

Uniu-se a alguns fazendeiros insatisfeitos com a postura de Dona Augusta, em relação à liberdade que grassava na Santa Clara, na tentativa de acabar de vez com as benfeitorias implantadas por ela. E nada mais eficiente em sua mente doentia do que acabar com a mentora destas ideias revolucionárias, a própria fonte de tudo.

Durante uma reunião que convocara com esses coronéis, a quem se aliara, disse Josué malevolamente:

– Meus coronéis, precisamos urgentemente acabar com o absurdo que essa Dona Augusta está implantando, pois, senão, as fazendas dos senhores ficarão minadas por ideias de liberdade e nada conterá a fuga em massa desses negros desgraçados.

– Então, Josué, o que você sugere? – perguntou, com ar preocupado, o Coronel Santiago, o vizinho mais próximo da Santa Clara.

– Deixem comigo; quero carta branca para resolver o problema. Já tenho um plano infalível para acabar com o mal pela raiz!

– Está bem, resolva do modo que achar melhor – respondeu o grupo de coronéis, após cochicharem entre si por alguns minutos. Sabiam dos dotes maquiavélicos de Josué, confiando terem nele uma boa chance de solução para o perigo de perda de seus escravos, influenciados pelos exemplos da Santa Clara.

Essa conversa se deu na manhã daquele dia de setembro em que estava programado o passeio à Primavera.

Josué embrenhou-se no mato e com uma espécie de lança capturou uma cascavel, colocando-a dentro de um saco.

Ficou à espreita, na Fazenda Santa Clara, aguardando o movimento indicativo de que o grupo habitual se encaminharia para a Cachoeira.

Notando que Dona Augusta já compunha a comitiva, partiu antecipadamente para preparar a tocaia.

161

Dona Augusta tinha seu lugar reservado à cabeceira da grande mesa rústica, à qual todos se sentavam para escutá-la nas passagens que relatava.

Precedendo o grupo, Josué levou a cascavel até o local e cuidadosamente enroscou-a ao pé da mesa, exatamente no lugar em que Dona Augusta se sentaria.

Percebendo que o alegre conjunto de pessoas se aproximava, Josué fugiu covardemente, não querendo levantar qualquer suspeita se, porventura, seu plano de assassinato desse certo.

A cobra, porém, alguns minutos após ter sido colocada aos pés da mesa por Josué, fugiu para a mata vizinha, sem que ninguém se desse conta, nem mesmo Josué, do ocorrido.

O grupo chegou, sentou-se e, após a prece inicial, Dona Augusta começou a contar como Judas havia traído Jesus com um beijo em sua face.

– Jesus sabia, antecipadamente, que Judas Iscariotes o delataria. Quando todos estavam sentados fazendo a última ceia, Jesus disse aos discípulos que um deles o trairia.

Enquanto a Sinhá seguia com a narrativa, tendo os olhinhos das crianças presos em seu rosto, uma outra cobra peçonhenta, animal comum naquela região repleta de matas ainda virgens, aproximou-se sorrateiramente de João Filho, que estava sentado ao lado da mãe, extremamente ligado na interessante narrativa daquela manhã.

Dona Augusta, que corria os olhos atentos sobre as crianças, percebeu, por inspiração, um movimento estranho.

Instintivamente enlaçou o garoto, colocando-o sobre a mesa. Nesse exato momento, a cobra deu-lhe um bote na perna, picando-a mortalmente.

Dona Augusta deu um grito e empalideceu.

O réptil correu por entre as árvores, carregadas de flores belíssimas que perfumavam o ar, espargindo deliciosa fragrância.

Conceição correu em auxílio à patroa.

– Sinhá, pelo Amor de Deus, o que foi?

– Conceição, arranje um pano e amarre minha perna, fui mordida por uma cobra.

Conceição rasgou um pedaço de sua própria blusa, apertou os lábios no ferimento, procurando sugar o veneno e cuspindo-o fora, fazendo um torniquete com o pedaço de tecido rasgado.

A senhora, semiconsciente, ficou deitada no banco e, imediatamente, uma escrava saiu à procura do capataz da fazenda para solicitar ajuda.

Quando o capataz chegou, a situação já era crítica. Colocou Dona Augusta em uma maca improvisada, atou a maca ao cavalo, e voltaram rapidamente à fazenda.

O cortejo era o mais triste que poderia haver.

Todos choravam. Por incrível que pudesse parecer, Joãozinho não verteu uma só lágrima. A impressão que se tinha era que o garoto havia amadurecido espontaneamente, de uma hora para outra, com o trágico acontecimento.

Quando entraram na fazenda, outros escravos foram juntando-se ao grupo, e o lamento sentido foi se erguendo como única manifestação de dor.

Ninguém queria acreditar que aquela boa mulher pudesse partir assim, deixando todos na orfandade.

Clara e Rodrigo, avisados, correram ao encontro de Dona Augusta, com os semblantes transtornados.

– Conceição, o que aconteceu? Minha mãe, por favor, fale comigo!

163

Soluçando, a moça abraçou a mãe, que estava com a tez cérea, transpirando frio e já ofegante.

Rodrigo enlaçou Clara, que se deixou abandonar no ombro do rapaz, sentindo a força que dele advinha naquele momento de dor.

Carregaram Dona Augusta para seu quarto e a colocaram na cama.

Conceição pediu que as escravas fizessem as infusões que conhecia para esses casos; colocou emplastros na perna da amiga, mas tudo foi em vão.

Clara, que raramente se permitia sentimentalismos, não suportou mais a emoção retida e chorou copiosamente, segurando a mão direita da progenitora que, repentinamente, abriu os olhos, sorriu e dirigiu-se à sua filha:

– Minha querida! Mamãe não mais poderá continuar com vocês, mas prometa-me uma coisa, meu bem – falava com extrema dificuldade, com a respiração entrecortada e ofegante –, sempre seguir as orientações de Conceição que, independentemente de ser negra, é um ser humano superior a nós duas, minha filha, e só quer o seu bem. Saiba que eu, de onde estiver, sempre olharei por vocês com a permissão de Deus. Olhe seu irmãozinho por mim e saiba que o bem é o único caminho para a verdadeira felicidade, não importando a cor, a raça ou a condição social de quem quer que seja. O que importa é o amor ao nosso próximo, o único tesouro que podemos levar para a outra vida, e que ninguém nos rouba, como ensinou Jesus.

Fechou, então, os olhos, exausta pelo esforço dispendido para falar com Clara.

Conceição se aproximou e enxugou delicadamente o suor que vertia da fronte de Dona Augusta, que piorava a cada minuto; reunindo as forças que lhe restavam, fixou o olhar sereno nos olhos da companheira de todas as horas:

– Minha querida amiga. Todos nós temos a nossa hora e a minha, agora, chegou. Percebo aqui ao meu lado vários de meus parentes que já me precederam, inclusive minha adorada mãezinha, que me sorri, assim como talvez o seu casal de amigos que moram nessa outra dimensão da vida, dos quais você me falou um dia. Todos me parecem tão felizes que eu tenho certeza de que também estarei bem. Por favor, não deixe de olhar pelos meus pequeninos, especialmente Clara, que tanto me preocupa. Nosso Senhor há de recompensá-la por tudo o que faz por todos nós, minha amada Ceição...

E Dona Augusta fechou suas pálpebras suavemente, com um suspiro mais profundo, deixando a condição de encarnada, para uma nova fase de sua existência.

Maria da Conceição recolheu-se imediatamente em prece e orou com todo o fervor. Neste momento, Colette achegou-se a seu lado e, colocando a mão em seu ombro, disse-lhe ao ouvido:

– Conceição, chegou o momento de nossa amiga retornar à Pátria Espiritual. Completou sua tarefa aqui. É realmente difícil, às vezes, entendermos certos fatos, já que, aparentemente, parecem injustos. Mas devemos compreender que *não cai uma folha sequer sem a vontade de Nosso Pai*, como dizia o Mestre, e sua partida agora é o melhor a acontecer. Dona Augusta cumpriu esplendidamente sua missão, que continuará deste outro lado, onde será mais útil a todos e de onde poderá evoluir ainda mais. Este é o destino de todos nós, caminharmos em direção à Inteligência Suprema pelas vias da evolução. Cabe a você continuar o trabalho dela. Como sempre, estaremos a seu lado, Agnelo e eu, com as bênçãos da Mãe Santíssima.

Conceição sentiu um conforto invadindo-lhe o peito e, embora muito triste, aceitou os desígnios de Deus.

Após o desencarne de Dona Augusta, foi rezada na capela, construída e reformada por ela, uma missa de corpo presente, assistida por todos – escravos, empregados, amigos e vizinhos –

em um clima de muita emoção, seguindo-se o sepultamento, que ocorreu no campo de flores ao lado da capela, sob uma árvore frondosa, onde sempre manifestara o desejo de fazer seu último descanso.

Após a cerimônia, todos se recolheram, e apenas Maria da Conceição permaneceu na capela.

Dirigiu-se, em prece, à Mãe Santíssima, com o coração dorido pela perda da grande amiga que agora partia para o Plano Espiritual.

Mãe Santíssima,

A Senhora chamou para Seu lado essa estrela amiga que iluminava os recantos destas terras e que agora faz parte da constelação de seu coração.

Não podemos negar que, pela nossa fraqueza, própria daqueles que ainda engatinham rumo à perfeição, a falta que a Sinhá vai fazer, para todas essas crianças de corpo e de Espírito, incluindo-me nelas. Mas sabemos da sabedoria de Nosso Pai Amado que distribui Seus filhos onde há maior necessidade, para que o trabalho no bem e na caridade possa verdadeiramente espelhar o Seu Amor Divino, junto daqueles que padecem no sofrimento e na solidão.

Que a Luz que reflete de Seus Olhos possa acender em nosso caminho a chama necessária para que nossos tropeços sejam menores e o nosso passo mais firme, rumo à compreensão de Seu Filho.

Ajude, Minha Mãe, esta Sua filha a sustentar as promessas de trabalho que fez para Seu Coração. Fortaleça, Mãe Amada, minhas forças para que eu possa representar Sua Bondade, para todos aqui e para todo o sempre.

Assim Seja.

Maria da Conceição, olhos fechados, coração sensibilizado, ao elevar a oração a Maria, foi recebendo a luz azul-safirina que, emanando do Alto, envolveu-a, ouvindo no seu íntimo uma voz que lhe falou:

– "Marie, seu compromisso comigo é recuperar o Espírito de Clara, que fica agora aos seus cuidados. Faz parte de sua missão, como uma das minhas legionárias, levar essa alma ao caminho do Meu Filho Amado".

Maria da Conceição, sentindo como se flutuasse, registrou no seu íntimo as palavras da Mãe de Jesus e prometeu que, através de quantos séculos fossem necessários, estaria junto a Clara, até que a libertasse de todas as mágoas, rancores e ódios que ela ainda, infelizmente, conservava.

Capítulo 10

Clara no comando

O DIA SURGIU, ENQUANTO todo o engenho silenciava, como se um pesadelo coletivo estivesse acontecendo. Tudo se aquietava: os passarinhos não cantavam; as engrenagens estavam imobilizadas; os cânticos africanos de louvor à vida e a alegria foram substituídos por lamentos surdos; o céu nublado combinava com o luto que se espalhava pela rica propriedade, subitamente empobrecida pela perda de sua condutora.

Enquanto tudo em volta parecia sorver a taça da amargura pela perda de alguém que era sinônimo de alegria e esperança, somente dois personagens se movimentavam, motivados por diferentes tipos de propósito: a moça Clara, que registrava em seu diário a tentativa de concatenar seus pensamentos confusos, após a partida da mãe, e o infeliz Josué, que comemorava com seus cúmplices, os vizinhos coronéis, no tilintar de taças de aguardente, a eliminação da má influência que Dona Augusta representava aos defensores da escravatura.

169

Josué, certo de que a cobra que ele deixara aos pés da mesa, fora a responsável pela morte de Dona Augusta, não se continha de satisfação em ver seu torpe plano ter sido bem sucedido. Mal poderia ele imaginar que ela partira do mundo dos encarnados por determinação da Providência Divina e não vítima de sua cilada vil. Mas, para sua consciência maculada, ele era o executor vitorioso que merecia agora ser recompensado adequadamente.

– Pois bem, meus ilustríssimos coronéis – discursava Josué cheio de pompa –, brindemos à eliminação do mau exemplo Dona Augusta!!! Agora teremos mais facilidade em mostrar a esses negros onde é o lugar deles: puxar a carga pesada que os animais devem puxar e trazer lucro ao cofre dos senhores – concluiu o feitor em tom bajulatório em meio às infelizes gargalhadas de todos.

Visava ser investido em um cargo superior no controle dos pobres escravos, o que seria um grande prêmio para sua mente mesquinha e maldosa.

Não distante daquela triste reunião, encontrava-se Clara, redigindo seu diário, o único confidente para o qual poderia demonstrar algum sentimento, sem se expor e sem perder seu orgulho.

"Caro diário,

Hoje, vivo um dia muito triste, pois perdi minha mãe que, apesar de ter sido fraca e ter ideias tão diferentes das minhas, era minha mãe e eu a amava muito. Nunca disse isso a ela, porque poderia dar-lhe a oportunidade de me encher daqueles mimos e carícias em público, o que eu sei, não ficaria bem, como me ensinou meu querido pai: "Nunca faça cenas de fraqueza diante dos empregados". Agora, enquanto meu pai não volta, sobramos eu, meu irmãozinho João, o Rodrigo e a Conceição. A Ceição é muito boa comigo, mas é uma má influência à ordem no engenho. Vou providenciar para que ela fique aqui na casa grande para servir só a mim e largar aqueles negros lá fora, para que os capatazes cuidem deles. Ela deve parar de dar o mesmo tratamento a todos como se todos fossem iguais. Como posso conceber que um negro seja igual a mim? Meu pai sempre me *disse que os negros podem até parecer, mas não são gente. Eles existem para nos servir. Minha mãe e a Ceição sempre me disseram o contrário: que todos somos iguais perante Deus e que nada existe de diferença além da cor da pele. Mas eu sei que elas são bobas e não sabem de nada. Meu pai, não. Ele é o grande coronel Oliveira, respeitado em todo o canto, e sempre me disse a verdade. Que pena que o papai está tão longe, e eu nem sei o seu endereço para lhe escrever. Como eu gostaria de poder me deitar no seu colo agora e também ajudá-lo a administrar a fazenda. Mas eu sei que ele voltará logo. Só não voltou ainda porque está, certamente, muito ocupado. Mas logo estará aqui comigo. Agora tenho que assumir a fazenda e ainda colocar tudo no lugar, para ficar do jeito que ele deixou, para que sinta muito orgulho de mim. O Rodrigo continua me importunando. Sempre chega com toda aquela gentileza, aqueles modos educados, só para me agradar. E eu continuo com a besteira de me sentir toda derretida por dentro quando ele se achega. Meu corpo estremece, eu suo frio, fico tonta e ainda por cima o acho cada vez mais lindo. Como é possível eu achar um quase negro lindo! Preciso combater isso com todas as minhas forças. Imagine só o papai me vendo de chamegos com o Rodrigo, me mataria! Preciso, isso sim, ensinar o Rodrigo a me respeitar como a dona de tudo isso aqui e a ficar em seu lugar. Tenho que aprender de uma vez por todas a parar com esses sentimentos malucos, de ficar fascinada toda vez que ele me olha com aqueles olhos maravilhosos. Não, Clara, são olhos horríveis! Aprenda, são horríveis, Ele inteiro é horrível, horrível, horrível... maravilhoso! Não tem problema, não. Você, diário, ainda há de me deixar escrever somente **horrível** da próxima vez que eu falar desse Rodrigo. Agora, o mais importante é eu assumir meu papel de conduzir a Santa Clara, e rápido, porque meu querido papai pode chegar a qualquer momento."*

As sinceras palavras descritas em seu registro diário revelavam com clareza os problemas psicológicos de que padecia Clara, uma moça no viço de seus dezessete anos, com uma mente absorta

171

na figura de seu pai ausente, modelo distorcido de conduta, que atrapalhava a sua evolução como pessoa.

Todos nós, em verdade, sempre possuímos o germe do Bom e do Belo implantado, por Nosso Pai Comum, em nossos corações. Entretanto, ele somente se manifesta quando não o abafamos com a carapaça do orgulho, da vaidade e do egoísmo, elementos ainda, infelizmente, presentes na personalidade de Clara Oliveira.

No sétimo dia após o desencarne de Dona Augusta, foi marcada a missa de celebração pela alma da benfeitora daquele lugar.

Todos os poderosos da vizinhança, assim como outros de muito longe, que viajaram durante a semana para assistirem ao ofício religioso, vieram prestar sua última homenagem à consorte do temido Coronel Oliveira que, apesar de distante, ainda exercia sua detestável influência em toda a região.

Vinham somente pelo Coronel, já que Dona Augusta era malvista por todos, devido às suas ideias abolicionistas e pelas benfeitorias que havia instituído na Santa Clara, provocando tanta repercussão entre os escravos de outras regiões, que desejavam ardentemente ter uma vida melhor, assim como entre os escravocratas, que abominavam aquelas modificações libertárias.

Após o término da missa, Clara ofereceu aos presentes um café junto a guloseimas na sala central da casa grande, aproveitando o momento para revelar a todos suas ideias de retomada dos antigos moldes de administração do engenho, sendo amplamente apoiada pelos ouvintes que, inclusive, ofereceram-se prontamente a ajudá-la no que fosse preciso para que a distinção entre senhores e escravos fosse plenamente restabelecida.

Apesar de contar somente dezessete anos de idade, Clara já era uma mulher formada, o que, juntamente com sua intensa determinação, fazia com que fosse respeitada por todos, ganhando imediatamente, no comentário geral, a impressão de que aquela era realmente a filha do Coronel Oliveira.

Lá fora, os escravos falavam a meia-voz das notícias – que não queriam acreditar tratar-se da verdade – de que a feliz Fazenda Santa Clara voltaria aos dias de tristeza do Coronel Oliveira, sob o comando de Clara.

Nem bem os convidados deixaram a fazenda, satisfeitíssimos com as boas novas, Maria da Conceição foi ao encontro de Clara:

– Minha filha! O que acaba de dizer não pode corresponder ao que o seu coração, que eu sei é bom e justo, está dizendo. Sua mãe, antes de partir, recomendou-me que cuidasse de você como se fosse minha filha, coisa que ela nem precisaria ter me pedido, já que a considero assim desde que nasceu e lhe aconcheguei em meu peito pela primeira vez. Imagine só como sua mãe ficaria infeliz ao ver você destruindo tudo o que ela construiu com tanto desvelo!

– Conceição, entenda de uma vez! Agora, eu devo assumir minha propriedade e administrá-la como achar melhor. Nunca concordei com os absurdos que você e minha mãe fizeram nesta fazenda, após a partida de meu pai; mas tinha que silenciar por respeito a ela, que agora está morta, entendeu? Morta.

– Não, querida, você está enganada. Nós não morremos. Simplesmente, mudamos de plano de existência, segundo a vontade de Nosso Pai, que entende que todos devemos passar pelos caminhos de nascer, morrer e renascer para podermos aprender a valorizar a vida e o nosso semelhante.

– Não me venha com essas bobagens, Ceição! Eu gosto muito de você, por tudo o que sempre fez por mim, mas não posso aceitar estes absurdos em que acredita. Façamos o seguinte: você fica na casa grande para cuidar dos serviços gerais, e lá de fora cuido eu, do jeito que eu sei que é o correto.

– Minha querida! Não faça coisas das quais poderá se arrepender amanhã! É tão fácil perceber quão felizes estamos todos nós, após as abençoadas mudanças que sua mãe instituiu. Nós, escravos, sentimo-nos novamente valorizados, recuperando a condição de igualdade. A produtividade do engenho quase triplicou após a partilha da produção. Não há mais fugas ou rebeliões após a quebra das correntes. Há sorriso nos lábios das famílias reunidas novamente e eflúvios de gratidão emanados constantemente a cada troca de olhares entre qualquer habitante destas terras. Por que acabar com tudo isso, minha menina? É tão mais fácil manter a felicidade do que acabar com ela!

– Chega, Conceição. Agradeço os conselhos, mas eu sei me virar sozinha. Sinto-me totalmente capacitada para conduzir os negócios daqui para a frente.

E saiu, batendo forte as sandálias no assoalho da casa, deixando para trás a sábia conselheira, com o rosto molhado pelas lágrimas, que escorriam ante a rebeldia de sua Clara.

Capítulo 11

Um coração enclausurado

AS LUFADAS DA BRISA morna penteavam o canavial próximo, parecendo produzir o único ruído que se ouvia naquelas paragens, diante do silêncio que o luto misturado ao medo proporcionavam.

Clara esporeava seu corcel branco, acompanhada de dois capitães-do-mato[21] e dez assistentes que contratara com a ajuda dos vizinhos coronéis. Ela estava certa de necessitar de reforços para disciplinar o grande número de escravos que ainda possuía, na reinstalação do antigo e cruel regime de administração do engenho herdado de seu pai.

No final da jornada exaustiva de trabalho daquele dia, mandou reunir o grupo de escravos para comunicar a aquisição de novas patrulhas anti-fugas. Mandou reabrir também a "casa do tronco".

---

21 *capitães-do-mato: brancos pobres, mulatos, negros libertos e mesmo trabalhadores escravizados que recebiam licença para caçar os fujões, recebendo recompensa conforme as capturas bem sucedidas*

– Como vocês já devem saber, agora eu comando a Santa Clara e faço questão de que tudo ande de forma idêntica a quando o meu pai aqui estava. Minha mãe, por ser muito despreparada e sentimental, provocou certas distorções dos negócios dessa fazenda que, a partir de hoje, deixarão de existir. Tenho certeza de que meu pai estará voltando em breve de seus negócios no exterior e gostará de ver tudo aqui da maneira que deixou quando partiu.

Após a dispersão do grupo que se formou em frente ao pequeno palanque, Clara imediatamente se recolheu, após rápido banho, aos seus aposentos.

Não quis falar com ninguém, apesar do olhar triste de Maria da Conceição, que a convidava, em silêncio, a trocarem algumas palavras, no intuito de aconselhá-la a mudar de atitude.

A moça estava extremamente agitada e tensa com os últimos acontecimentos. Sentia-se como se tivesse que carregar o mundo nas costas, mas, diante de seu orgulho habitual, não se permitia nenhum ato menos digno em relação à responsabilidade que julgava possuir com seu progenitor.

Mais do que nunca, acreditava, num mecanismo de defesa psicológico, que ele iria retornar a qualquer instante. Visualizava, todos os dias, o momento em que o Coronel entraria pela porta da sala e a abraçaria, e ela, então, poderia devolver-lhe o triste mundo em que vivia para que ele, em troca, entregasse-lhe sua tranquilidade há tanto tempo roubada.

Triste moça. Negava, num esforço hercúleo, todos os gestos de afeto a ela oferecidos constantemente por Maria da Conceição e, em especial, por Rodrigo. Ele, por sua vez, sempre lhe ofertava seu sorriso apaixonado, independentemente da maneira como ela o tratasse.

Clara caminhava de um lado para o outro em seu amplo quarto como se quisesse encontrar uma saída que, em verdade, somente existia no seu coração.

Após quase duas horas terem-se passado, sem que conseguisse concatenar todos os pensamentos que fervilhavam em sua cabeça, saiu por alguns momentos para "respirar", já que se sentia sufocada entre quatro paredes.

Entre o perfume intenso das damas-da-noite e dos lírios abundantemente espalhados nos jardins em frente à sacada lateral da casa grande, Clara, como a buscar ajuda sem saber a quem pedir, fitava a lua, que brilhava solene em um céu sem nuvens.

Completamente absorta nesse clima, teve um leve sobressalto ao sentir seu ombro direito ser suavemente tocado por uma mão, que identificaria eternamente, mesmo que não tivesse o dom da visão: era Rodrigo que a chamava.

– Clarinha, como vai você? Sinto-a tão agitada. Não quer conversar um pouco para aliviar sua tensão? Essas ruguinhas em sua testa não combinam com sua formosura!

– Rodrigo, por que você não me deixa em paz? Não vê que eu estou tentando organizar meus pensamentos? Não percebe que agora compete a mim a condução de um engenho desse tamanho? Por que você não vai procurar outra pessoa para falar de futilidades e se divertir?

– Nada me daria maior prazer que lhe ouvir. Não que não goste do canto matutino dos passarinhos ou a Ceição cantando aquelas lindas canções que só ela sabe cantar, mas ouvir você é a mais bonita das músicas. Eu me sinto flutuar ao mesmo tempo em que escuto sua voz.

– Rodrigo, quer parar? – respondeu Clara, fazendo um enorme esforço interior para acabar com a emoção que sentia naquele instante. – Chega dessas bajulações inúteis. Não vê que eu quero ficar sozinha?

Rodrigo, não perdendo o seu bom humor, fitou profundamente seus olhos; como era difícil resistir àquele olhar penetrante e cheio de paixão que sempre a fazia estremecer por dentro.

Quanto a ela, sempre dava um jeito de despachá-lo antes do perigo de não resistir aos apelos de seu coração.

Ele nunca escondia seu amor por ela, tentando demonstrá-lo de todas as maneiras que podia.

Como Rodrigo não a obedecia facilmente, era geralmente ela quem o deixava falando sozinho. Foi o que fez então.

Com um passo ligeiro, voltou ao seu quarto, deixando para trás tudo o que, na verdade, mais queria na vida: o amor.

Resolveu, então, banhar-se novamente, pois sentia todo o seu corpo queimar como nunca.

Trocou-se, colocando uma alva camisola de seda, e tentou conciliar o sono, que tardou muito a chegar, rolando em seu leito de um lado para o outro.

Clara se viu, então, em meio a um nevoeiro fechado, sem nada poder enxergar à sua frente.

Como era real aquele "sonho"!

Tocava constantemente seu próprio corpo, como a querer certificar-se de que não estava sonhando, mas era tudo muito estranho para ser realidade, apesar de se sentir completamente acordada e consciente.

Percebia uma poderosa força a impulsioná-la para a frente, obrigando-a a caminhar sem parar.

Mas só nuvens havia. Nuvens, nuvens e mais nuvens e nenhuma visão de onde estava ou do que estava fazendo ali.

Curiosamente, porém, não tinha medo algum.

Começou a sentir, de repente, uma mão muito macia que segurava a sua, sem que pudesse enxergá-la.

Era tão macia aquela mão e transmitia uma energia tão forte e confortadora que nenhum receio poderia ter, apesar do desconhecido lugar que atravessava, onde as nuvens densas pareciam jamais ter fim.

Após caminhar por um bom tempo, conduzida pela força invisível que a levava para frente e na qual ela estranhamente confiava, o nevoeiro começou a dissipar-se lentamente.

Começou a ouvir, então, o ruído do vento balançando uma vegetação que espargia um suave perfume de margaridas.

Conforme a névoa circundante foi se dispersando mais e mais, começou a ver um imenso campo, repleto de margaridas. E as flores, discretamente, emanavam, além da fragrância característica, uma tênue luminosidade, que lhe proporcionava um bem-estar indescritível.

Sentiu uma vontade imensa de se deitar sobre aquelas flores que pareciam chamá-la, de maneira irresistível, para que ela repousasse sobre elas.

O interessante foi que, assim que aceitou o convite para se deitar sobre o jardim, sabia em seu íntimo que não iria feri-las.

Planava suavemente, como se flutuasse sobre um grande e calmo lago, com a diferença de que ali não havia água, mas um número sem fim de margaridas, as mais belas que já havia visto.

Após descansar por algum tempo sobre as flores, aproveitando daquele indizível prazer que sentia, percebeu alguém tocá-la delicadamente.

Tinha os olhos fechados; mas aquele toque reconheceria a qualquer tempo e em qualquer lugar.

Não havia dúvidas: era Rodrigo quem a tocava.

Qual não foi a surpresa, porém, quando abriu os seus olhos e percebeu que quem a afagava não era Rodrigo, mas outro homem.

Ele era lindo, alto, moreno, imponente e a fitava com imensa ternura.

À medida que mirava aqueles olhos cor de mel, deu-se conta de que eram os olhos de Rodrigo; sim, estava certa, eram os inconfundíveis olhos de Rodrigo que se fixavam nos seus.

Não tinha nenhum medo. Não conseguia falar, mas tudo o que queria na vida era ali permanecer... para sempre.

Aquele homem acariciava os seus cabelos e a olhava, lendo a sua alma, ostentando um discreto sorriso de extremo carinho.

Não podia precisar por quanto tempo ali permaneceu; olhos nos olhos, as carícias em seus longos cabelos, como a embalar um precioso tesouro.

Não existia mais tempo nem espaço. Só havia o lugar mágico onde repousava seu corpo, entregue sem resistência àquele que sabia tocá-la como ninguém.

Foi então que ele, com a voz mais terna do mundo, dirigiu-lhe a palavra:

– Meu amor, como eu sinto a sua falta! Eu preciso tanto de você! Eu preciso tanto de seu perdão. Por favor, abra o seu coração ao meu apelo sincero; deixe o passado, repleto de nossos erros, fruto da pequenez de nossos Espíritos, para trás. A vida que Nosso Pai nos oferta é tão bela. Eu não serei ninguém enquanto não obtiver o seu perdão. O futuro nos sorri, porque nada é definitivo em nossa jornada evolutiva. Se ontem erramos, hoje temos a oportunidade de retificar os nossos enganos com nossas próprias mãos. Rompa as amarras que aprisionam o seu coração há tempos longínquos. Minha vida tem sido uma tortura, sem paz para a minha consciência, que implora o seu perdão. Aí, então, poderemos nos entregar ao sentimento puro que une nossas almas, pois nós ganhamos de Deus o maior presente do Universo: o amor. Por que delongar o prazo para que nossos corações se unam, enfim, desfrutando desse amor, que tudo pode, para sempre?

Clara sentia-se próxima, como nunca, da verdadeira felicidade, quando, ao tocar por sua vez a face daquele que lhe falava com tanta sinceridade, viu aquele rosto se transformar no de Rodrigo, sabendo, em seu íntimo, tratar-se da mesma pessoa.

Sentiu nesse instante uma estranha sensação invadir o seu interior, numa dubiedade incrível: ao mesmo tempo em que queria permanecer ali, nos braços daquele que sabia amar da mesma forma que ele dizia amá-la, sentia uma estranha revolta em seu peito, como se *devesse* odiar aquele mesmo homem. Não era a rejeição superficial por causa da cor da pele ou da condição social de Rodrigo, justificativas que normalmente usava para se afastar dele, mas algo mais profundo, que não sabia de onde vinha e por que sentia.

O conflito daqueles sentimentos paradoxais em seu interior foi aumentando, aumentando, até o momento em que passou a incomodá-la terrivelmente, provocando a estranha transformação de ternura em raiva; até quando, não mais suportando tais sensações, fugiu em disparada, deixando Rodrigo com o olhar mais triste do mundo, sozinho, repousando sobre as margaridas que ela agora pisoteava enquanto corria para longe dele, destruindo todo o campo que florescia em seu caminho, como se a leveza que sentira há poucos minutos tivesse se transformado em um peso enorme, tão grande que suas pernas não tinham mais a agilidade de antes, ficando mais e mais pesadas; até o momento em que ela toda se sentia tão pesada, que não conseguia mais se mover, curtindo em seu íntimo um ódio inexplicável por Rodrigo. Foi quando ela se sentiu mergulhar em queda livre, como se caísse de altura imensa, até despertar assustada e ofegante em sua cama.

Tremia sem parar, queria gritar e não conseguia. Queria chamar por ajuda e nenhuma palavra saía de sua boca. Somente pôde começar a se mexer depois que conseguiu chorar copiosamente, transformando em lágrimas a mágoa que represava em seu interior. Havia um rio de águas barrentas do rancor acumulado há tantos e tantos anos, que obscureciam ainda agora o seu coração adolescente, torturado pelo ressentimento do passado.

Capítulo 12

A tristeza de resistir ao Amor

NA MANHÃ SEGUINTE, ANTES de o Sol despontar no horizonte, Clara já estava acordada, sentada em uma cadeira de balançar, abstraída completamente na lembrança daquele sonho tão real e com final tão horrível.

Tinha o semblante extremamente abatido, consumida pelo sofrimento que havia experimentado.

Após passar longas horas pensando, ao ritmo cadenciado daquela cadeira, subitamente viu desenhar-se ao longe a silhueta de um homem bem vestido, sobre um garboso cavalo, encaminhando-se em um trote lento em sua direção.

Seu coração acelerou, parecendo que queria pular boca afora, e começou a gritar sem parar:

– Papai, papai, papai!!! Viva, viva! O senhor voltou para mim! Eu tinha certeza de que isso iria acontecer. Agora eu sou feliz, agora eu tenho quem cuide de mim outra vez. Agora eu posso descansar porque o senhor vai me proteger! Viva, viva!!! – repetia a infeliz moça, acreditando estar em seu pai a salvação para a amarga vida que levava.

O cavaleiro foi se aproximando, se aproximando e, quando seu rosto se tornou reconhecível ao olhar, percebeu não se tratar de seu pai, mas de um Coronel vizinho, vindo até ela provavelmente tratar de assuntos comerciais.

A pobre moça perdeu o controle. Começou a chorar e a procurar pedras no chão para atirar no visitante.

– Vá embora, vá embora! Eu estou esperando meu paizinho. Fora daqui, fora daqui! – repetia entre soluços.

Saiu correndo para o seu quarto, atirando-se em sua cama para chorar toda a melancolia que sentia naquele momento.

Pegou uma boneca, que cuidava com um desvelo incomum, e começou a embalá-la ao encontro de seu colo, beijando reprisadamente a carinha de porcelana do brinquedo.

– Fique bonzinho, meu filho. Mamãe está aqui para cuidar de você. Eu nunca vou deixar você. Minha mamãe se foi e meu papai não volta, mas eu nunca vou deixar você sozinho, porque quem ama, como eu o amo, não deixa nunca seu amor sozinho – e chorava no desvario que a possuía.

Maria da Conceição sentiu um forte aperto em seu coração e correu ao encontro de Clara.

Chegando ao quarto, ela a abraçou como quem não quisesse nunca mais se apartar daquele amplexo.

– Ceição, Ceição, não me abandone você também, por favor, não me deixe nunca sozinha.

E a sua "mãe negra" a acariciava, transmitindo-lhe irradiações calmantes, até que a desditosa jovem adormeceu em seus braços.

Nesse mesmo momento, em algum lugar do espaço, Lucius, o filho de Bianca/Clara, que ainda cumpria seu prazo de reabilitação na Erraticidade, até sua próxima chance reencarnatória, sentiu uma angústia misturada a uma forte saudade de sua mãe; a mãe que ainda não tinha tido a oportunidade de conhecer.

Independentemente de todas as tentativas que Maria da Conceição fez incansavelmente, durante os cinco anos que se passaram desde a data desses acontecimentos, Clara foi se fechando cada vez mais em sua prepotência, a arma que utilizava para tentar esquecer sua infelicidade.

Realmente, cumpriu a sua promessa de reinstalar no engenho o esquema escravagista que seu pai utilizava, fazendo do medo o meio de conduzir a produção.

O clima pesado reinava novamente na Fazenda Santa Clara depois que Clara assumiu a direção, lugar que já havia experimentado uma nesga de alegria com Dona Augusta.

A vida de Clara Sinhá, como fora apelidada desde então, resumia-se à administração do engenho, função que exercia habilmente.

O resto do seu tempo disponível usava no preparativo de grandes festas e recepções que oferecia constantemente aos vizinhos e nobres, que faziam questão de conhecer de perto a próspera dona da Fazenda Santa Clara.

Além disso, Clara fazia questão de usar sua beleza física, já que tinha-se transformado numa deslumbrante mulher, assim como seu poder material, para flertar constantemente com os inúmeros pretendentes que competiam por um convite para uma de suas festas, a fim de se aproximarem dela. Havia se tornado uma lenda na região: a belíssima *"coronela"* inconquistável.

Insinuava-se, seduzia os rapazes até que eles ficassem completamente fascinados por ela, para depois descartá-los um a um, somente pelo prazer de vê-los sofrer.

Se não podia amar como gostaria, o homem que sabia que amava – mas detestava ao mesmo tempo – por um artifício de seu confuso coração, então ninguém também poderia amar e ser amado ao seu lado.

Rodrigo, apesar de não ter modificado em nada o sentimento que nutria por Clara, agora era obrigado a permanecer mais distante dela, já que ela não permitia nenhuma aproximação.

Admirava-a à distância, sempre esperançoso de que, um dia, ela iria mudar sua atitude em relação a ele e em relação aos escravos.

Acreditava existir, no peito de sua bem-amada, um coração endurecido, mas não cristalizado, e que um dia iria despertar para a felicidade de amar.

A festa que Clara preparava anualmente, após a colheita principal, era a mais farta e disputada da região.

Fazia questão de ostentar sua riqueza material com *comes e bebes* de primeira qualidade, assim como com uma decoração primorosa.

Clara, já habituada à frivolidade de sua vida de então, percorria a casa distribuindo ordens aos serviçais sobre os preparativos para aquela noite de gala, onde comemorariam uma colheita recorde, às custas do sacrifício desumano de tantos irmãos negros.

Lembrou-se, de repente, de que se esquecera de convidar o Coronel Martins, um importante parceiro comercial que era seu vizinho a leste da fazenda. Por imaginar ser imperdoável esta desfeita, resolveu ir pessoalmente ter com ele para tentar se desculpar por ter que chamá-lo na última hora devido à omissão de seu nome na lista de convidados.

Selou, ela mesma, o seu cavalo, a fim de não perder tempo, e saiu rumo à fazenda do vizinho.

Nem bem começou a galopar, o cavalo se assustou com um porco que atravessou o seu caminho e repentinamente empinou, levando Clara ao chão.

Rodrigo, que estava coincidentemente bem próximo ao local, percebendo o ruído da queda, correu em seu auxílio.

Encontrou Clara estendida, gemendo de dor na perna que batera ao cair.

Ajudou-a a levantar-se, o que ela, meio contra a vontade, permitiu.

A moça tinha dificuldade em firmar o pé no chão e, por isso, a necessidade de continuar enlaçada a Rodrigo.

Ele, apesar de há muito estar se controlando para não se aproximar dela, já que era assim o seu desejo, não conseguiu resistir àquela oportunidade de estar tão próximo de sua adorada, sentindo o perfume de seus cabelos louros a tocar a sua face e, fixando mais uma vez seus lindos olhos nos dela, disse-lhe:

– Clarinha, estou com tantas saudades de você. Por que não conversa mais comigo? Eu lhe quero tão bem. Aliás, o que eu não faria para fazê-la feliz. Eu a amo mais do que tudo nesse mundo – e roubou-lhe um beijo apaixonado.

A moça não esperava por aquilo, mas não conseguiu resistir a algo que desejava desde sempre e correspondeu-lhe com a mesma intensidade.

Tião, o bebê que fora adotado por Ceição e que agora já era um meninote cheio de graça, sem querer, pois ali passava, viu a cena toda acontecer.

Clara abriu os olhos após aquele minuto em que parecia ter sentido novamente o perfume da felicidade. Mas, percebendo que o negrinho Tião a tudo assistira, voltou ao seu estado natural e, com o orgulho ferido pelo ato "involuntário", pegou o menininho pelas orelhas e o levou de volta à casa grande.

Foi com ele próxima ao fogão e, para descarregar toda a raiva que sentia de si mesma por aquele ato de fraqueza, com receio de que ele contasse a alguém o que havia visto, queimou um dos dedinhos da mão da criança na chapa quente sobre o fogo aceso.

O menino gritou de dor e, chorando, ouviu a voz enfurecida de Clara:

– Se você abrir essa sua boquinha para alguém, contando o que viu hoje, eu queimo as suas duas mãos inteiras, ouviu bem?– fazendo a criança sair correndo em busca do socorro de Maria da Conceição.

Clara, transtornada, disse em voz alta: – Ah! Esse metido do Rodrigo me paga... e vai me pagar muito caro pelo seu atrevimento!!!

Chegou, então, a grande noite, quando Clara não podia deixar transparecer, diante de convidados tão importantes, o que se passava dentro dela.

Em sua ira, planejava uma armadilha cruel para se vingar de Rodrigo.

Traçou um plano, no arroubo de sua raiva, sem medir absolutamente as consequências desastrosas que ele traria a todos.

No auge da festa, repentinamente, saiu para um corredor contíguo ao salão principal, forjou um grito, descabelou-se um pouco e voltou, fingindo ter sido assaltada.

O chefe da milícia, que estava presente à festa, dirigiu-se prontamente para ouvir o relato de Clara, que acusou Rodrigo de ter sido o autor do furto de seu colar de diamantes, o qual havia jogado numa moita pela janela para simular seu desaparecimento.

Rodrigo, que a tudo ouvia na cozinha, não titubeou e, percebendo a gravidade da acusação, no auge de sua aflição, fugiu, embrenhando-se no matagal vizinho.

Conhecendo a região como ninguém, escapou com tranquilidade.

O chefe da milícia, porém, após ter encerrado as buscas naquela noite, devido à escuridão, querendo mostrar eficiência, retornou à Fazenda Santa Clara no dia seguinte, dizendo estar distribuindo informações detalhadas dos traços fisionômicos de Rodrigo a todos os distritos vizinhos, a fim de capturá-lo de qualquer maneira.

Clara, tendo conhecimento das intenções da polícia, e agora arrependida e já refeita do arroubo de raiva que a dominara no dia anterior, sugeriu ao capitão que relevasse o caso, pois ela não se importava mais com o roubo e preferiria deixar tudo como estava.

O capitão, ciente de que sua insistência em mostrar bons préstimos poderia ser sinônimo de uma boa recompensa em dinheiro e prestígio pessoal, não obedeceu às recomendações de Clara e disse que iria prosseguir nas buscas, de qualquer modo, no cumprimento de sua função.

Clara, então, começou a ficar preocupada, temerosa do que o seu ato insano poderia trazer como consequências para Rodrigo.

Não conseguindo descansar, pela consciência pesada em acusar um inocente, que além de tudo era o homem a quem amava, foi pessoalmente até a chefia da milícia para solicitar novamente que cessassem as buscas, pois ela retiraria a queixa.

O chefe local, apesar de querer agradar a poderosa moça de qualquer forma, disse que agora era tarde para voltar atrás, pois os pedidos de captura já haviam sido encaminhados a toda a região e somente no dia seguinte poderiam enviar a contraordem para a retirada dos mesmos.

Clara ficou desesperada. Sentia um mau pressentimento que não a deixava.

Jamais se desculparia se algo de ruim acontecesse a Rodrigo, já que sua intenção tinha sido apenas assustá-lo.

Reuniu seus melhores homens e ordenou uma busca imediata por todas as redondezas, na esperança de que seus empregados encontrassem Rodrigo antes da polícia. Infelizmente, isto não aconteceu.

Após dois dias de fuga, uma patrulha da cidade vizinha encontrou Rodrigo no início da noite, farejado que fora pelos cães da guarda.

Conduzido à prisão como um bandido da pior espécie, foi duramente espancado pelos policiais que o interrogavam em meio a pancadas.

O capitão o agredia, habituado a seus métodos violentos, estranhando o português correto de Rodrigo, batendo com mais força, argumentando, com sua ignorância, que um negro, ou "quase negro", não merecia saber falar bem, mas sim, tinha nascido somente para servir aos seus amos.

Clara, nesse ínterim, não descansava um só minuto, participando diretamente das buscas, recomendando também a todos os milicianos, que teve oportunidade de encontrar, que queria Rodrigo, caso o encontrassem, reconduzido à sua presença sem nada sofrer.

Estava alucinada de arrependimento e preocupação. Até uma prece pediu para fazer junto a Conceição para que nada acontecesse a ele.

Mas, desafortunadamente, seu esforço foi inútil.

Um dos golpes mais violentos que o capitão desferiu contra Rodrigo atingiu-lhe a nuca, provocando-lhe a desencarnação imediata.

No momento em que isso aconteceu, Conceição soltou um gemido e Clara, percebendo a expressão de dor da mentora, que sabia nunca se enganar do que percebia com seus poderes paranormais, começou a chorar convulsivamente, entendendo, de imediato, ter acontecido alguma tragédia.

– Não, Conceição, diga-me que não é verdade. É uma ordem você mandar seus anjos buscarem meu Rodrigo. Eu não posso viver sem ele, por favor, Ceição, traga-o de volta para mim, pelo amor de Deus! – clamava Clara, alucinada de dor.

– Infelizmente, eu não posso, meu bem. Deus chamou o Rodrigo para junto Dele agora e somente poderemos reencontrá-lo quando merecermos esta felicidade.

O desespero tomou conta daquela mísera moça.

Gritava como se lhe estivessem arrancando o coração com as mãos.

Dizia que queria morrer com ele, a todo o momento e, somente após muito custo, conseguiram fazer com que ela bebesse uma mistura de ervas de poder altamente calmante, para que conciliasse o sono, exausta por completo.

Capítulo 13

Reencontro de três corações

CLARA, DESDE O DIA EM QUE Rodrigo desencarnou, não foi mais a mesma. Nunca mais teve forças para sair de seu leito. Tinha o olhar sem brilho, que mirava o horizonte, como a querer buscar algo que nunca alcançaria.

A despeito dos esforços despendidos pelo carinho diuturno de Maria da Conceição, foi definhando pouco a pouco, adoecendo em pouco tempo, tornando-se irreconhecível a linda moça que, até há poucos dias, exibia uma pele com o viço de um pêssego novo e que agora era o retrato do sofrimento.

João Filho, um forte rapaz, sempre dócil e receptivo às lições de Maria da Conceição, cresceu sob uma base evangélica sólida, convivendo desde criança entre os escravos, como se fossem sua família.

Aprendeu a respeitar seus semelhantes como verdadeiros irmãos.

193

Sofria muito em ver como Clara conduzia a fazenda e havia prometido a Conceição, que lhe contava com minúcias como a Santa Clara havia sido feliz quando Dona Augusta a tudo dirigia, que um dia iria restabelecer cada detalhe, da mesma forma como sua mãe havia idealizado, assim que assumisse a direção do engenho.

Era também sempre muito amoroso com sua irmã, que lhe dedicara muito carinho, pelo forte instinto maternal que sempre tivera.

Sofria muito agora, ao vê-la doente, restrita a uma cama, sem conseguir reagir diante das tragédias que se sucederam em sua vida.

Tentava, de todas as formas que podia, animá-la, na esperança de que ela se restabelecesse brevemente.

Sete anos de sofrimento atroz para Clara se passaram. Sua saúde era cada vez mais frágil, embora estivesse cada dia mais serena.

Durante todo este longo tempo em que Clara permaneceu doente, Maria da Conceição teve a chance de lhe transmitir todos os ensinamentos que, antes da dor, não tinha ouvidos para ouvir.

A cada dia, pouco a pouco, Conceição plantou, naquele árido coração, as mais belas páginas cristãs, cumprindo esplendidamente sua missão, prometida a Nossa Senhora, de recuperar o amor no coração daquela filha querida.

Clara estava magérrima, como se tivesse o triplo da idade que tinha realmente, mas a paz que seu olhar revelava e a resignação de seu sorriso tranquilo demonstravam o quanto aquele Espírito havia evoluído.

Seguia agora, à risca, todas as orientações de Conceição sobre os rumos que deveria impor à fazenda. Dava as ordens verbais, mas quem estava no comando era sua mãe negra, restabelecendo, a cada dia, as feições de um lugar harmonioso, como desejou um dia Dona Augusta.

Os escravos novamente eram tratados como seres humanos respeitáveis e, pouco a pouco, um clima de ventura voltou a vibrar nos ares da Santa Clara.

– Ceição, minha querida mãe – dizia Clara, que já chamava Maria da Conceição de mãe havia um bom tempo –, como eu desperdicei o precioso tempo de minha vida, na oportunidade bendita que Deus nos dá de aprendermos aqui na Terra. Será mesmo que eu vou conseguir me livrar de tanta culpa que trago em minha alma?

– É claro, meu anjinho! Ninguém, absolutamente ninguém, nenhuma criatura no universo de Nosso Pai está fadada a sofrer eternamente. O importante é querermos reparar nossas faltas, trabalhando pelo Bem maior. Somos, na verdade, todos destinados à felicidade. O problema é que somos muito teimosos e insistimos em atrasar o dia da verdadeira alegria para o nosso Espírito – dizia com extremada meiguice, Conceição, acariciando a cabeça quase sem cabelos de Clara, deitada em seu colo.

– Você é tão boa, Ceição. Eu não sei como Deus me permitiu tê-la ao meu lado, sem que eu tivesse merecimento para isso. Eu a amo demais.

– Ora, vejam só! Minha menina admitindo que ama! É isso mesmo que você deve falar todos os dias a todos os seus afetos e até aos desafetos, por que não? Não somos todos filhos do mesmo Pai? Eu a amo, eu a amo, eu a amo! O amor é a chave de tudo, minha querida. Repita comigo, vamos lá! Eu amo você, mamãe.

– Eu amo você, mamãe – repetia pacientemente, com a voz fraca, Clara.

– Isso mesmo, muito bem! Vamos continuar. Eu **amo** você, Rodrigo.

– Eu o amo, Rodrigo.

– Eu o amo, Tiãozinho, repita meu anjo!

– Eu amo você, Tiãozinho.

– Parabéns, meu coração! Agora, vamos deixar para amar o resto de nossos afetos amanhã, porque senão ficaremos cansadas, está bem? – interveio delicadamente Conceição, soltando uma gostosa risada, tentando animar sua menina, que tinha só um fio de vida a correr em seu corpo frágil, mas uma alma renovada pelo poder do Evangelho cristão.

Rodrigo, agora em fase de estudos no Plano espiritual, recebia orientações sobre a virtude da paciência.

– "Saber esperar – instruía o mentor espiritual – é uma grande bênção. Devemos saber aguardar o tempo certo para colhermos o prêmio de nosso esforço, na reparação de nossas faltas. O fruto da consciência límpida é néctar que se saboreia plenamente somente na companhia de todos os Espíritos ligados ao nosso passado delituoso. A Providência Divina sempre permite o recomeço, a reparação, até o êxtase da conquista do amor integral".

Rodrigo pedia sempre para assistir às orientações sobre os benefícios de se saber esperar com perseverança, porque não conseguia evitar sua aflição em querer ajudar a Clara e ao seu filho Lucius. Ainda não tinha autorização para ver a nenhum deles.

Ficava imaginando, incessantemente, como estariam seus dois amores, distanciados temporariamente de seu convívio.

Vislumbrava, com satisfação, a cena de reencontro dos três, na esperança constante de que esse dia de ventura máxima chegasse tão logo fosse possível ao merecimento deles.

Nunca deixava de orar sentidamente a Jesus, na expectativa de acelerar esse momento feliz.

Rodrigo era um exemplo de bom comportamento. Sempre disposto a colaborar em todas as missões de ajuda que era autorizado a participar.

Trabalhava com alegria no exército do Cristo, aguardando a oportunidade de trazer Clara e Lucius para junto de seu abraço.

Resignado e confiante, sempre se mostrando esperançoso em dias melhores para os três, sentindo muitas saudades, encaminhou-se até um promontório que se localizava no final de um belíssimo jardim, abarrotado das mais lindas árvores e flores, sem comparação às que conhecemos na Terra. Dirigiu seu olhar aos céus, ajoelhou-se e orou, com todo o fervor de sua alma:

– *Senhor Jesus! Mestre amado.*

Lembrando-Te a bondade contida em Teu Evangelho, que advoga o perdão, felicita minh'alma com a dádiva desse recurso para a conquista de minha paz. Abusei, em minha anterior oportunidade reencarnatória, das oportunidades que investiste em minhas mãos. Deixei-me dominar pelo dinheiro, pela casta social a que pertencia, pelas convenções mundanas nas quais me comprazia e esqueci-me, Senhor, do objetivo maior de nossas vidas – servir-Te nos lugares onde haja sofrimento, pelas elevadas determinações da caridade e da justiça. Prejudiquei, sobremaneira, dois seres aos quais mais eu deveria beneficiar: minha mulher e o filho que ela me deu. A ambos eu recusei pelo meu comportamento iníquo, fazendo-os se perderem no desregramento e na dor, fazendo-os desperdiçarem suas existências naquela ocasião. Minha Bianca, o anjo meigo que me entregou seu coração, como uma rosa desabrocha plena e bela para o mundo, desiludida, entregou-se à prostituição e à revolta e, hoje Clara, destilou ainda muito do veneno que eu implantei em sua alma. Lucius, meu menino, inteligência privilegiada, líder preparado para grandes missões, perdeu-se na marginalidade, pela ausência paternal amiga, pela falta do leme que o conduzisse ao Bem e ao progresso. Hoje, sei que se recupera gradativamente, convalescendo do desequilíbrio que minha inépcia como tutor proporcionou. Senhor amado, ainda não posso envolver Bianca em meus braços, nem tampouco oscular meu menino, mas pelo reflexo de Teu Amor, ao qual eu recorro agora, submisso à Tua sábia e benévola vontade, posso sim, gritar aos quatro ventos o quanto os amo e que tudo, tudo, até onde minhas últimas forças permitirem, quero eu pelo bem deles fazer, para reparar meu engano grosseiro, cego que fui em não enxergar a chance que me deste, Senhor, de crescer como Espírito, desde há muito tempo.

Abençoa, Senhor Jesus, meus propósitos singelos, mas os mais sinceros possa eu garantir, para que Teu olhar magnânimo ainda possa um dia vislumbrar nós três amplexados, orando em uníssono, para a obtenção de Teu perdão e de Tua luz.

Assim seja.

Rodrigo assumia a aparência de Carlo, aquela que mais marcara seu Espírito sensível.

Tinha o rosto molhado pela emoção enorme que sentia e, quando abriu os olhos, após terminar sua rogativa, percebeu que do céu, para onde dirigia o seu olhar, um grande círculo de luz dourada se fez, de onde apareceu um casal de espíritos, nimbados em túnica alvíssima, que parecia ser feita de fragmentos mínimos de estrelas. Foram se aproximando mais e mais de Carlo e o auxiliaram a se erguer do chão, onde permanecia ajoelhado e o abraçaram fortemente.

– Querido filho – disse a mulher primeiramente –, lembra-se de mim? Sou Colette. Sim, a mesma Colette que o conheceu na distante Itália, e este é Agnelo – disse abrindo um doce sorriso.

– É chegada a hora, meu filho – retrucou Agnelo –, de seu coração ser pacificado, pela misericórdia de Nosso Senhor.

Carlo, compreendendo o teor da ditosa notícia, que permitiria o seu reencontro com Bianca e Lucius, não podia emitir palavra alguma, somente conseguindo reforçar o abraço aos dois e chorar – com a diferença de que, agora, este era o choro da mais pura felicidade.

Capítulo 14

O *mais belo dos abraços*

MARIA DA CONCEIÇÃO, HÁ dois dias, não mais saía um só minuto do lado de Clara, cujo estado de saúde piorava a olhos vistos.

Todas as tentativas de tratamento, seja da medicina do mundo, seja dos Espíritos que orientavam a cura e ali serviam, tinham sido em vão.

Clara definhava como uma frágil planta que está fincada num solo totalmente árido.

Era um domingo ensolarado, todo o exterior parecia em festa, contrastando com o clima de preocupação dos habitantes da fazenda, que sabiam que a sinhazinha estava passando muito mal.

O fato é que quase todos somente se atinham à realidade material que ali se desenrolava. Poucos são os que têm a capacidade de ver *além dos olhos*. Uma dessas pessoas era Conceição.

A bondosa negra acariciava a cabeça de *sua menina*, com desvelado afeto.

Entendia que era chegada a hora de Clara nessa vida, mas também compreendia que chegava ao fim o sofrimento pungente pelo qual ela passava.

Cantarolava uma canção, baixinho, enquanto a moça segurava a sua mão, cada vez com menos força. Estranhamente, não demonstrava nenhuma queixa ou amargura com aquele momento. Muito ao contrário. A sua nova fé, plantada em seu coração sofrido por Conceição, a aquecia interiormente.

Ela repetia, às vezes, quando conseguia reunir forças, palavras de agradecimento a Deus pela graça da crença que lhe exornava o Espírito.

Sabia que uma triste fase findava, prenúncio de outra certamente melhor a chegar.

– Conceição, tudo vai acabar agora, não é mesmo? – falou com a voz entrecortada pela dispneia.

– Sim, minha menina. O que acaba agora é a pior parte, e uma nova oportunidade para seu Espírito lhe sorri. Não tenha medo de nada, nenhum mal irá lhe acontecer. Confie em Jesus que a ama muito e só quer o seu bem.

– Eu já vejo, Ceição, que mamãe Augusta está sorrindo para mim! Ela está mesmo viva. E não está sozinha... – começou a suspirar, não mais voltando a falar, somente apertando um pouco mais a mão que a sustentava.

Conceição, percebendo que era chegado o momento, começou a orar em voz alta:

– *Mãe Maria, Nossa Senhora.*

Olha por todos nós aqui, Senhora, na hora extrema em que todos os irmãozinhos desse mundo tão grande de Nosso Pai ficam iguaizinhos, iguaizinhos... Mesmo quando ainda têm seus corações endurecidos, mesmo quando ainda seus pensamentos concentram-se na tristeza. Aqui, minha mãe amada, repete-se a mesma passagem para a vida verdadeira. Abrindo a porta dourada, onde todos os negros, os brancos, os índios, os senhores e os escravos, os ricos e os sem-nada, os padres e os de outras crenças, assim como os que ainda não creem, as crianças de alma e os velhos, os bons e também aqueles que ainda não Te conhecem; todos nós, Senhora querida, passamos através dela, deixando para trás nossos caminhos cheios de tropeços e dores. Mãe querida, tantos já passaram essa porta nos meus braços, e eu sei que escolhes essa negra velha para isso, porque não encontras trabalhadora melhor por aqui por enquanto. Mas meu desejo único e sincero é que a Tua Luz sem igual possa fazer o milagre maior de despertar as consciências que ainda dormem. Fazendo se acender, lá no peito de cada filho Teu, a verdade que liberta das correntes mais grossas, Minha Mãe, as correntes da ignorância e do mal. Hoje, temos aqui, Nossa Senhora, diante de Teu maravilhoso coração, esta minha filha teimosa, que espalhou tanto sofrimento e penar. Mas eu garanto, Minha Mãe, é o mais triste dos passarinhos de Tua coleção. E sofre mais que todos os Teus filhos que prejudicou e maltratou. Ela, minha mãe, a Clarinha, quer voar livre pelos céus de azul do Teu amor, sem saber o que é isso ainda. Ela quer cantar junto ao coro de pintassilgos que louvam Nosso Criador. Tem compaixão dessa filha, Senhora querida. Não a abandones sozinha pelo espaço, já que esta negra velha ainda tem que pelejar um pouco mais pelas terras batidas deste engenho. Não deixes a minha menina sem esta mão que ela aperta agora, como se segurasse o único esteio do mundo para não se perder em sua culpa. Maria Santíssima, Rainha da Paz maior! Guarda essa criança para mim e também todos os outros filhos revoltados, que ainda são muitos, que não querem o bem dela, pois não sabem que ela mudou. Que os lírios brancos de Teu Coração acabem com todo o ódio e o rancor, abençoando a todos nós. Que eu possa pagar a Tua bondade, minha Mãe, trabalhando de sol a sol para aliviar a dor de meus irmãozinhos, que pisam sobre espinhos, até quando existir força no atabaque deste peito. Deixa que meu cansaço a outros descanse, os que estiverem sem esperança, chorando em um canto qualquer. Deixa-me acender as velas da fé nos lugares por onde eu passar, fazendo com que todos eles lembrem-se, Minha Mãe Querida, de Teu amor por todos nós. Obrigada, Minha Mãe, muito obrigada. Assim seja.

Nesse momento, no Plano espiritual, o teto daquele quarto se abria em luzes multicoloridas, por onde entrou Agnelo, trazendo pelas mãos Rodrigo.

Permitiram que ele sustentasse Clara em seu colo, ainda desacordada, mas agora linda outra vez, com a aparência de Bianca.

Ele chorava de sincera alegria, balbuciando repetidamente: "Obrigado, meu Deus".

Enquanto Rodrigo achava que estava vivendo o máximo de felicidade que um coração poderia suportar, adentrou, em seguida, Colette, conduzindo pela sua mão Lucius, fazendo, então, com que os três pudessem se abraçar finalmente.

Nada mais poderia ser dito, a não ser, uma prece de agradecimento feita por todos, reconhecidos à Bondade do Alto que permitia tamanha ventura.

Capítulo 15

A volta

APÓS ALGUNS MESES terem-se passado, após tão intensas emoções terem sido vividas na Santa Clara, Conceição passeava por seu lugar preferido na fazenda: a região próxima ao pomar, circundada por inúmeros flamboyants, ipês coloridos e acácias viçosas, onde se podia ver ao fundo o rio que deslizava suavemente, serpenteante e calmo. Admirava, ao longe, como o engenho se tornara outra vez um local onde havia tanta satisfação em se viver, devido à adoção do "estilo Dona Augusta", que João Filho incorporara com maestria.

Os negros trabalhavam em pé de igualdade com os brancos, as famílias novamente reunidas, a parceria na divisão igualitária da produção, a liberdade de culto, a sincera amizade entre todos.

Era uma cena belíssima de se ver. Porém, não se poderia negar que algo estava faltando.

Embora não tivesse coragem de admitir, devido à sua humildade característica em relação à vontade de Deus, sentia muita falta de seu filho querido, Benedito.

Onde ele estaria, como estaria, como teria ficado agora, um homem na madureza de seus 40 anos de idade?

Porque, apesar de ter contato mediúnico constante com os desencarnados, nunca lhe haviam dado nenhuma notícia de seu filho, a não ser o recado de que ele se encontrava bem e que haveria uma hora certa para tudo.

Estava absorta em seus pensamentos quando ouviu, não longe dali, numa grande paineira que lá existia, o som de uma grande algazarra de passarinhos.

Era o tipo de festa que essas avezinhas só faziam quando uma pessoa única estava por perto.

Não conseguiu ter tempo suficiente para se virar sobre si mesma quando escutou a mais doce melodia que poderia desfrutar:

– Mamãe, mamãe! É você quem está aí? Sou eu, Benedito. Onde está o meu coração?

Conceição abriu seus braços numa envergadura tão ampla que parecia poder abraçar o mundo todo naquele momento. Mas só abraçou a ele, o seu Benedito, que retornava para ela após tantos anos de ausência.

Um abraço que demorou até que os dois corações, que se tocavam nas vibrações dos dois peitos, puderam pulsar compassadamente, como sempre estiveram, ritmados na mesma frequência do puro amor que os unia.

Não muito tempo depois, reaparecia, no cenário daquele engenho, o Coronel Oliveira.

Velho e paralítico, ele retornou àquela fazenda, abandonado por todos em Portugal, depois que ficou sem nenhuma posse.

O abandono também era afetivo, porque ninguém mais o visitava, jogado que se encontrava num asilo da Cidade do Porto.

Conseguiu enviar uma carta a seu filho, João Filho, a quem não conhecia ainda, que lhe mandou o dinheiro necessário para que ele pudesse fazer a viagem de retorno ao Brasil.

Foi recebido com todo o carinho, tanto por Benedito como por João Filho, seus legítimos filhos, embasados que tinham seus Espíritos na doutrina cristã, praticando a mais pura caridade, ao próximo mais próximo, em seu próprio seio familiar.

Benedito, que sabemos ser um Espírito superior, dedicou-se, até o último suspiro do Coronel, ao seu atendimento pessoal.

Banhava-o, vestia-lhe as roupas, alimentava-o na boca, em uma demonstração de carinho que a todos encantava, principalmente à sua mãe velhinha, com as carapinhas embranquecidas pelo tempo.

Esta dedicação de Benedito emocionava profundamente o Coronel Oliveira, que reconhecia que aquele a quem prejudicara e maltratara, retribuía-lhe agora com dedicação e ternura.

Esse reconhecimento foi tão profundo que, certa tarde, em que estava ladeado por Benedito e João Filho, tomou em suas mãos as mãos dos dois e disse com os olhos marejados:

– Muito obrigado, meus filhos!

Assim caminhou a Fazenda Santa Clara com todos os seus habitantes. Um lugar que conhecera tanta dor e que, pelo fato de todos aceitarem as lições do Cristo como leme na sua condução, agora vivia sob os auspícios de dias sempre melhores.

Parte três

Capítulo Especial

A bondade da justiça divina

A Lei que rege o Universo é justiça e a vida é amor. A Providência Divina colocou entre ambas a ponte maravilhosa da misericórdia, permitindo o equilíbrio perfeito.

A justiça sabe que, sem o amor, ela se tornaria fria e implacável.

O amor reconhece que, sem a justiça, tudo mergulharia em um progresso anárquico. Assim, Nosso Pai, em Sua perfeição absoluta, funde os dois rios mais belos que existem – o do amor e o da justiça – para que Seus filhos deságuem, plenos, no oceano sem fim da evolução.

Cada lição conquistada é fruto exclusivo do esforço próprio.

Nossa visão limitada, geralmente, não consegue visualizar o sofredor como causador de todo o sofrimento e nem tampouco como o detentor do direito de reconstruir, com as próprias mãos, um caminho mais feliz em torno de seus passos. Mas, independentemente de nossa deficiência em reconhecer o justo e o belo, que reveste cada momento, Deus a todos aguarda, oferecendo, com Sua magnanimidade, a nova oportunidade de nos reerguermos, levantando também os outros, que fizemos cair em tempos imemoriais.

Carlo, no momento em que orou fervorosamente a Deus, solicitando a oportunidade de reaver a família, que por sua culpa perdera, selava o fim de um ciclo de desencontros e sofrimentos vivido por todos. Teve o júbilo de reencontrar Lucius e Bianca que agora, como Clara, desencarnava.

Lucius, após um longo período de tratamento espiritual, dedicava-se ao estudo evangélico, tendo aprendido que somente no trabalho de caridade e respeito ao próximo teria a chance de resgate das faltas cometidas anteriormente.

Seus tutores na Espiritualidade acompanhavam, admirados, a sua dedicação, sempre disposto a assumir voluntariamente os trabalhos mais árduos de atendimento aos desencarnados que chegavam no mesmo ou pior estado em que, um dia, ele próprio chegara.

Bianca, ao final da existência como Clara, pelo sofrimento, também conseguira serenar seu Espírito rebelde.

Assim, Bianca, Carlo e Lucius tiveram a chance de ficar unidos por longo tempo na Erraticidade, compreendendo, a cada dia de estudo e esclarecimento interior, que ainda haveria necessidade de um esforço maior para que eles pudessem juntos permanecer e, finalmente, conquistar a felicidade.

Havia chegado o dia em que Colette e Agnelo, juntamente com o Mentor responsável por aquele grupo, reunir-se-iam para o planejamento de uma nova oportunidade reencarnatória.

O Mentor, com seu olhar sereno que irradiava a mais pura bondade, iniciou dizendo:

– Meus filhos! Bianca reconhece que, em suas últimas existências, norteou suas atitudes no egoísmo, complicando seu estado consciencial. Prejudicou, sobremaneira, os irmãos da raça negra, fazendo-se valer de seu poder temporal para semear o sofrimento desnecessário. Agora, solicita-nos a chance de renascer como órfã e negra, intensificando as possibilidades de aprender a valorizar a todos como filhos do mesmo Pai, assim como, de se beneficiar de uma condição humilde, mas, nem por isso, menos valorosa. Deus, que é infinitamente bom, permitiu que Lucius volte à experiência da carne, como uma criança que sofrerá de uma moléstia congênita, limitando sua vida corpórea em apenas alguns anos, suficientes para solidificar, junto à sua irmã de criação, que será Bianca, a sua reforma íntima. Colette e Agnelo estão se prontificando a recebê-los como filhos. Carlo aguardará uma próxima ocasião reencarnatória, quando, sob as bênçãos do Alto, poderão se reencontrar.

E assim se fez...

O Sol deitava-se como uma imensa bola de fogo no leito do mar que sereno o recebia, espargindo sua luz por sobre as águas, dando àquele lugar uma paz que parecia mesmo só poder existir num pedaço de paraíso.

A alguns metros da praia, erguia-se uma casa que, apesar da aparência muito simples, demonstrava ser suficientemente ampla e acolhedora para os fins a que se destinava.

Dentro, um alarido alegre de crianças que brincavam.

Colette e Agnelo, agora como Caroline e Jean Pierre, formavam um casal que, como sempre, através dos séculos, demonstrava um imenso amor, não só de um para com o outro, como também para com todos, especialmente as crianças órfãs, as quais recebiam como seus verdadeiros filhos.

Ofereciam a eles a melhor educação, não restrita aos livros escolares.

A evangelização era a proposta a ser realizada, segundo os desígnios superiores, o que a dupla de Espíritos tão evoluídos como eles sabia interpretar como poucos.

Em nada faltavam os ingredientes indispensáveis: carinho, constante compreensão e extremado amor.

O casal tinha dois filhos naturais: uma jovem de nome Lucienne, contando catorze anos, e Lucian, uma criança de meigos olhos verdes, cabelos dourados, mas forma física rude, consequência de sua doença inata, que (Lucius) pedira em seu plano reencarnatório.

Entre o grande número de crianças órfãs, o casal havia recebido uma graciosa africaninha, um pouco mais velha que Lucian, a quem batizaram com o nome de Catherine.

Catherine, a nossa Clara, tinha um lindo rostinho, enfeitado com duas trancinhas, sempre adornadas com dois lacinhos de fita, que Lucienne colocava diariamente, com extremo capricho.

O amor de Catherine por Lucian era comovente.

Nada podia fazer Catherine se afastar de seu amado Lucian.

O aspecto, não muito bonito do garotinho, não importava.

Sua dificuldade em andar ou falar eram apenas detalhes. Seu olhar de mãe, ainda que agora restrita a um corpinho infantil, parecia enxergar somente a alma de Lucian.

Uma mão de camponesa não conseguiu afagar nunca seu filho. Então, uma mão de poder, num engenho brasileiro, acenou para o céu onde estava seu querido.

Agora, uma mãozinha negra acariciava finalmente seu mais precioso bem.

– Lucian, meu queridinho – dizia a menina, passando as mãos sobre os cabelos do menino –, não ligue não! Se alguém caçoa de você é porque não pode vê-lo por dentro como eu. Você é muito lindo, e ninguém, enquanto eu estiver por perto, vai deixá-lo triste.

Lucian, parecendo entender todo o afeto que lhe era devotado por Catherine, a olhava ternamente, demonstrando que, apesar de tudo, era feliz, não conseguindo ver mais ninguém à sua volta, além de sua "irmãzinha".

Como programado, seguiu-se a recuperação daquelas criaturas que, novamente unidas, deixavam seus corações inundarem-se de amor. O mesmo amor puro que Jean Pierre e Caroline ensinavam e, sobretudo, exemplificavam.

Intercalando-se com as melodias que o violino de Jean e o piano de Caroline faziam ressoar naquele lar de sincera alegria, estavam as mais belas canções de Deus, escritas na prática das virtudes cristãs.

Cumpriu-se, mais uma vez, a programação superior.

Utilizando o mais poderoso antídoto contra todos os males, o amor, todos davam um grande passo para a harmonia que o Senhor da Vida reserva a todos os Seus filhos.

Capítulo 1

O *reencontro*

O TEMPO – O MAIS NOBRE instrutor que nos impulsiona invariavelmente para a evolução – avançou quase dois séculos desde as experiências no Engenho Santa Clara. E pela sapiência inigualável do Criador, novas e benditas oportunidades nos são sempre ofertadas pelo benefício de renascermos no ambiente da Terra para, passo a passo, resgatarmos nossos débitos conscienciais e construirmos o progresso junto ao núcleo de Espíritos a nós eternamente ligados.

Era uma manhã de inverno que, apesar de não ser uma estação habitualmente muito severa naquela cidadezinha do interior de um grande estado brasileiro, naquele ano se apresentava com temperatura estranhamente rigorosa. Os ventos cortantes juntavam-se ao firmamento cinéreo, num convite ao recolhimento agasalhado.

Em uma casa humilde, porém muito bem arrumada, encontramos Karina, nome que agora tinha nossa Clara dos tempos de

217

engenho, trazendo ainda a mocidade refletida em seu lindo semblante feminino, apesar de já estar próxima à quarta década de vida. Vestia um traje muito modesto, como eram modestas todas as instalações e pertences naquele lar pobre, mas alegre.

Junto a Karina, viviam seu pai chamado Lupércio – nova roupagem física de Lucius – e sua mãe Josefa.

Karina enxugava delicadamente o suor febril que inundava a fronte de seus progenitores, atingidos pela terrível gripe que se alastrava implacavelmente por todos os cantos.

A situação financeira precária em que viviam era decorrente dos baixos vencimentos que Lupércio recebia como professor aposentado, ministrando atualmente somente aulas particulares de reforço. Não havia nunca conseguido melhorar sua posição econômica devido à saúde muito deficiente que sempre apresentara. Josefa ajudava a economia doméstica, na medida das escassas possibilidades oferecidas a uma mulher naqueles tempos, restringindo-se ao bordado e à costura diuturnamente.

O cuidado aos pais, especialmente ao pai frequentemente adoentado, impedia Karina de abandonar o recesso do lar para trabalhar externamente, fazendo-a, desde há muito, esquecer-se de si mesma. Ela, porém, sempre trabalhou de alguma forma, ao vender os bordados primorosos que fazia, ou as verduras e legumes frescos que plantava cuidadosamente no quintal de sua casa, além das roupas que lavava para as poucas famílias mais abastadas daquela região. Naquele ano, a situação tinha-se tornado crítica. A saúde de seu pai havia piorado muito, enfraquecido como nunca estivera em sua já avançada idade. Sua mãe também revelava, pelas cãs e rugas indisfarçáveis, seu cansaço físico e o peso dos anos sofridos. O pouco dinheiro que Karina, sozinha, conseguia amealhar, já que seu pai agora não mais lecionava, era rapidamente consumido pelos medicamentos necessários. Seu sofrimento era profundo, porém procurava disfarçar de todas as maneiras para não comprometer ainda mais a débil situação de seus pais.

Karina, que nutria uma ternura inexcedível por seu pai, sempre o tratara "inexplicavelmente" como a um filho querido. Não conseguia entender a vontade intensa que sempre teve em cobri-lo de carinhos e mimos como se fosse seu filho e não seu pai. A amizade entre ambos era belíssima. Independentemente da difícil situação econômica, era comum encontrá-los sempre em animadas conversas pelos cantos daquela casinha de poucos cômodos. Eram tão íntimos e amigos que, desde quando Karina era apenas uma criança, trocavam versos, com imensa ternura. As trovinhas eram sempre secretas, pois que só eram partilhadas por pai e filha. Uma das trovas preferidas pelo professor e por Karina era assim:

Começava Lupércio:

Deus fez coisas muito belas:

O Sol, a Lua e a flor de maracujá;

Mas caprichou dentre todas elas,

Quando fez a minha querida Kaká.

Continuava Karina:

Posso não ter muitas coisas,

Mas tenho uma estrela de amor

Que me dá tudo o que eu preciso,

No sorriso de meu papai-professor.

E gostosas risadas seguiam-se a esses momentos de raro carinho, demonstrando o amor que mutuamente se devotavam.

Dona Josefa também era mãe extremada, embora exigente na formação de sua filha, cobrando-lhe todos os preceitos solicitados por uma boa educação. Karina, filha amorosa, nunca a contrariou, mas não conseguia disfarçar a preferência pela companhia do pai, com quem desfrutava cada minuto, como se não devesse perder nenhuma nesga de tempo.

Sua reclusão doméstica, determinada pelas restrições que a vida lhe impunha, sempre a afastou do convívio social, permanecendo dedicada integralmente aos seus afazeres cotidianos de cuidado aos pais, além da própria luta pela subsistência.

Apesar das dificuldades de uma vida inteira, nunca se sentiu infeliz, nem revoltada contra sua condição. A presença de seu pai e amigo parecia preencher qualquer lacuna ou tristeza causada pelas adversidades existentes.

O professor Lupércio era homem muito culto e respeitado pela sua elevação de princípios, apesar da pobreza material. Há algum tempo, dedicava todas as suas horas livres, em que não estivesse desfrutando da companhia de sua filha querida, à leitura de novos textos que o embeveciam cada vez mais.

Em toda a sua vida, procurara um entendimento maior sobre as grandes questões filosóficas de nossas existências, sem nunca ter conseguido satisfazer sua ânsia intelectual de algo mais justo e lógico, no concernente aos problemas do ser, nosso destino e nossa origem como filhos de Deus. Emprestados por um colega de magistério, devorava os livros a ele cedidos, ainda em original francês, sobre o chamado Espiritismo, nascido na Europa pelas mãos de um grande pensador e cientista cognominado Allan Kardec. Realizava suas leituras às escondidas, devido à grande campanha difamatória que a Igreja realizava, caracterizando os escritos espíritas como "coisas do demônio", determinando severas penas e perseguições a tantos quantos manifestassem sua adesão a tais práticas. Lupércio, porém, cada vez mais tinha sede de saber sobre a Doutrina dos Espíritos, uma vez que se identificava plenamente com a maravilha do conteúdo daquela revolução de conhecimentos sobre a condição imortal e evolutiva de todos nós. Tentava, desde quando teve os primeiros contatos com aquela extraordinária doutrina, traduzir resumidamente os textos a que tinha acesso, partilhando-os com sua filha e esposa, que não dominavam o idioma francês. Não perdia agora a oportunidade de compartir com elas suas novas descobertas sobre a Justiça Divina, exemplificada de maneira clara e direta nas obras básicas da Codificação Kardecista, através de respostas objetivas dadas por Espíritos de pessoas que já haviam ultrapassado os pórticos da morte e que vieram trazer seu testemunho das belezas do universo dinâmico e imorredouro de Nosso Pai.

Dois dias haviam-se passado sem que nenhuma melhora no quadro dos pais de Karina pudesse ser notada. Pelo contrário, a situação dos dois havia piorado bastante. Além disto, não tinha quase nada na despensa. Aliás, havia muito tempo, não se sabia naquele lar o que era uma despensa abastecida, pois que só conseguiam o alimento escasso de cada dia a duras penas.

O peito opresso de Karina abrigava um coração que não queria se entregar ao desespero, mas não estava sendo fácil suportar tamanha dor em ver seus pais restritos ao leito e, o pior, sem quase nada para alimentá-los e restabelecer-lhes as forças orgânicas.

Ao adentrar no quarto, mais uma vez, para oferecer água aos seus amados doentes, sentiu um nó na garganta e uma vontade incontrolável de chorar, vislumbrando aquele quadro tão doloroso e não conseguindo concatenar as ideias quanto a uma solução para tantos problemas. Percebendo que não iria conseguir resistir às lágrimas prestes a derramar, saiu rapidamente, dirigindo-se à varanda.

Acendiam-se as primeiras estrelas na tela azul do firmamento. Lembrou-se, então, das explicações de seu pai sobre as bem-aventuranças de Jesus, brilhantemente claras ao entendimento em *O Evangelho Segundo o Espiritismo*, que trazia luz a todas as maravilhosas parábolas e lições do Mestre de Nazaré. Fixava seu angustiado pensamento na parte *"bem-aventurados os aflitos porque serão consolados"*, tentando encontrar lenitivo àquele difícil transe. Voltou o olhar aos céus e orou, pedindo ajuda ao Mestre Divino.

Repetiu a rogativa inúmeras vezes, como querendo se fazer ouvir pela insistência de suas palavras cheias de dor, quando foi interrompida por um ruído de vozes aflitas na rua. Percebeu que se tratava de um grupo de pessoas em torno de alguns homens que distribuíam alimentos e remédios àquela população carente. Não tardou muito em terminar todo o estoque de suprimentos.

O raciocínio de Karina estava tão confuso, diante da difícil situação que passava, que não conseguiu atinar para o fato de que ela também, junto a seus pais, estavam, mais do que nunca, precisando de auxílio. Quando caiu em si, já era tarde e chorou, mais uma vez, ante a oportunidade que ela havia supostamente desperdiçado.

Certamente, tocado por uma inspiração invisível, Carlos, um daqueles que faziam a distribuição dos víveres, subitamente parou de recolher as sacolas vazias, que haviam trazido repletas de esperança, e mirou a fachada daquela casa humilde onde estava Karina e, incontinênti, dirigiu-se até lá. Sentia agora, em seu coração acostumado ao sentimento inigualável da caridade, um frêmito estranho, prenunciando uma forte e diferente sensação naquele inesperado encontro.

Acontece que Carlos era o novo nome de Rodrigo, agora tendo a primeira oportunidade nesta nova vida de se reencontrar com Clara/Karina. Seus passos eram lentos, apesar de habitualmente não o serem, visto sua vivacidade natural; mas, agora, não conseguia caminhar mais rápido, como se tivesse a precaução de preparar seu Espírito antes de chegar mais próximo àquela mulher que o olhava ao longe. Enfim, parou em frente à casa de Karina e seus olhos encontraram os dela, ambos sentiram uma emoção que jamais haviam sentido anteriormente. Ficaram se olhando por longos minutos antes que conseguissem articular palavra, dado o estado de intensa emotividade que pairava no ar entre os dois. Por fim, Carlos sacudiu levemente sua cabeça, como se sonhasse acordado, e falou:

– Senhorita, posso ser útil em algo?

Karina ouvia aquela voz, experimentando inéditas sensações interiores. Olhava aquele rosto, de um senhor, de idade provavelmente só um pouco superior à sua, de traços fisionômicos não muito formosos, mas com um olhar fascinante, que a inebriava e seduzia, apesar do tom absolutamente sereno e respeitoso com que se dirigia a ela. Tentou ensaiar algo mentalmente antes de emitir palavra

222

àquele homem encantador, mas a opressão em seu peito, misturada à emoção daquele momento, foi demais para seu pobre coração e prorrompeu em pranto, ajoelhando-se humildemente aos pés de Carlos, tomando-lhe as mãos e osculando-as enquanto repetia:

– Ajude-me, senhor, pelo amor de Deus!

Carlos levantou-a sem titubear e a conduziu ao banco de madeira tosca, que ficava na varanda, aguardando em silêncio enquanto ela se acalmava, segurando-lhe meigamente as mãos.

Tão logo se acalmou, Carlos ofereceu-se delicadamente para conduzi-la ao interior da casa para que lá tivesse a oportunidade de lhe contar o que a oprimia tanto. Karina, porém, temerosa de que seus pais ouvissem a conversa, assim como da transmissibilidade da doença, disse que preferia permanecer ali mesmo para, se assim bondosamente lhe permitisse, dividir com ele, em quem curiosamente confiava, apesar de nunca tê-lo visto, seus atrozes padecimentos. Antes de iniciar os relatos de sua difícil vida, pediu licença para ir certificar-se se seus pais não precisavam de algo e dizer-lhes que se ausentaria por alguns minutos, devido à presença de um amigo que estava recebendo.

Carlos, enquanto aguardava a volta de Karina, tentava entender o porquê de tamanha emoção ao encontrar aquela mulher. Supunha, porém, devido à sua já bem consolidada fé espírita, junto à sua extrema sensibilidade, que ali provavelmente se encontrava, pelos mistérios da reencarnação, alguém que já lhe era íntima desde tempos imemoriais.

Karina, após os cuidados aos pais, que dispensava constantemente, tentou arrumar seu cabelo em desalinho, não por vaidade, que quase não possuía, mas por respeito àquele benfeitor que a aguardava. Pesava-lhe a ideia de incomodar alguém com seus problemas pessoais, já que sempre lutara sozinha ante suas dificuldades; no entanto, aquele momento era diferente.

Estava exausta e sem nenhuma perspectiva promissora. Quem sabe aquele senhor estranho, mas com os olhos cheios de pura bondade, não poderia ao menos orientá-la quanto a uma solução para suas justificadas aflições.

Karina sentou-se discretamente no outro extremo do banco onde Carlos a esperava e, numa mistura de sentimentos de dor e grata emoção proporcionada por aquele reencontro, começou respeitosamente:

– Senhor! Não sei de onde vem ou o que o traz a estas paragens, mas sinto tratar-se de um propósito superior, certamente decorrente de sua elevada estirpe como ser humano. Nesses tempos difíceis, em que cada vez mais o egoísmo campeia, e cada um pensa em cuidar somente de seus próprios problemas, ainda há pessoas como o senhor, que se esquecem de si próprias para irem em busca dos desvalidos do mundo, seguindo verdadeiramente os preceitos cristãos.

– Não faço nada, senhorita, que não seja a minha obrigação. Afortunadamente, tive a bênção de tocar a verdade nesta vida por causa do Espiritismo, uma doutrina magnífica, que nos ensina de maneira mais nítida os ensinamentos de Nosso Senhor Jesus Cristo. Entendo agora que certamente já errei muito, fui causa de muitos sofrimentos a muitos irmãos meus em Deus. Assim como hoje estou em melhor situação, amanhã poderei não mais estar. Devo ajudar, com as migalhas de minhas posses morais, a todos aqueles necessitados que eu tiver o privilégio de encontrar em meu caminho.

– Meu pobre pai, que agora se encontra em seu leito, acometido pela terrível gripe que está dizimando a tantos, já me convenceu dos benefícios inigualáveis dessa nova doutrina. Ainda me sinto engatinhando nestes novos conceitos, mas ao menos os principais, penso, já consegui assimilar, como a necessidade de uma resignação operante diante de nossas dores, ou o fato de a toda ação corresponder uma reação, havendo sempre motivo para nossos padecimentos, já que somos a causa única de todos eles.

– Alegra-me, sobremaneira, perceber que seu paizinho conseguiu implantar em seu jovem coração estas verdades tão sublimes que também tenho a felicidade de partilhar. Mas diga-me, em que posso ajudá-los?

– Em verdade, senhor...

– Carlos, somente Carlos.

– Pois bem, senhor Carlos.

– Carlos somente! – disse, abrindo um simpático sorriso.

– Eu sou Karina, senh... é difícil evitar... Carlos! Pois bem, meu nome é Karina e vivo com meus queridos pais neste modesto, mas digno lar. Tivemos nossas dificuldades financeiras em toda uma vida; mas agora nos encontramos numa situação desoladora, já que estou sozinha com os dois doentes, sem condições de procurar trabalho que nos garanta a subsistência – contou Karina, com os olhos enevoados de lágrimas.

– Certamente, o Senhor não se esquece de nenhum de Seus filhos e por isso Se utiliza daqueles que estão disponíveis para auxiliar os que se encontram em situação momentaneamente precária. Seguramente, Ele permitiu este nosso encontro para esta finalidade ser cumprida – falou Carlos, com especial carinho.

Karina ouvia assombrada as palavras daquele misterioso benfeitor que a enlevava como ninguém. Jamais ouvira alguém reportar-se à sua fé com tanta naturalidade e despretensão. Certamente, estava diante da resposta de Jesus às suas rogativas.

Karina, frente àquele que se oferecia para ajudá-los, desinteressadamente, naquele momento extremo, juntamente à estranha emoção que a dominava por completo, não conseguiu mais proferir nenhuma palavra, esperançosa de que seu olhar de reconhecimento pudesse transmitir toda a gratidão que ela gostaria de externar a Carlos e a Deus.

Capítulo 2

Laços reatados

CARLOS HAVIA DEIXADO na capital uma família numerosa que com ele morava, apesar de se conservar solteiro: pais, irmãos, primos e agregados, além de seus prósperos negócios no comércio. Gozava de uma situação financeira muito boa, embora consumisse todos os seus proventos mensais na ajuda aos seus familiares, já que eram de origem muito pobre e, principalmente, na sustentação das obras assistenciais das quais ativamente participava.

Decidira-se, junto à direção da Casa Espírita onde se filiara, a sair com outros companheiros desta consoladora doutrina para socorrer os irmãos acometidos pela terrível gripe[22] que se espalhava pelo mundo, entre 1918/1919, chamada popularmente de "gripe espanhola".

Havia sido designado por Daniel, atual reencarnação de Agnelo, que exercia a função de dirigente do grupo espírita em que Carlos trabalhava, para se deslocar até àquela específica

---

22 *Gripe epidêmica, causada pelo vírus influenza, em uma pandemia mundial.*

cidade do interior. Carlos não entendeu, no momento da ordem recebida, os motivos que Daniel tinha para fazer tal solicitação a ele, já que existiam locais tão necessitados quanto aquele e mais próximos à capital.

Ele, porém, conhecia os grandes poderes sensitivos de Daniel, além de confiar plenamente em sua sábia orientação, tendo, portanto, obedecido fielmente às determinações recebidas. Mal podia adivinhar que Daniel facilitava o reencontro de Rodrigo e Clara, agora Carlos e Karina, sem, contudo, poder revelar a verdade e comprometer-lhes o livre-arbítrio, que todos nós invariavelmente possuímos por determinação de Nosso Pai.

Carlos trabalhava naquela cidadezinha horas a fio, socorrendo as incontáveis vítimas da terrível epidemia, só tendo poucas horas de descanso a cada dia.

Karina, pela grande sintonia e afinidade que sentia por Carlos, no que era plenamente correspondida, desejava tê-lo mais próximo. Convidou-o, então, para permanecer hospedado em sua casa. Desculpou-se pelas modestas instalações que poderia oferecer, mas torcia para que aquele novo amigo aceitasse sua oferta.

Carlos aceitou imediatamente o convite, agradecendo a Deus a chance de conviver por algum tempo com aquela que provocava um sopro de felicidade em seu coração cada vez que se encontravam. Não teria tido a coragem de se oferecer para lá se hospedar, mas já que o convite tinha partido de Karina, concordou de bom grado.

Após o trabalho intenso que Carlos desenvolvia naquela cidade, socorrendo doentes, amparando com remédios e mantimentos a tantos em condição de penúria extrema, consolando com a palavra evangelizadora aqueles que não mais se demorariam no corpo físico, voltava à humilde casinha onde moravam Karina e seus pais, como se aquele fosse o maior prêmio que poderia receber pelo seu incansável esforço. Com eles se sentia mais à vontade do que com seus familiares consanguíneos, tendo cada vez mais

228

a certeza de que ali se encontravam Espíritos que haviam com ele partilhado muitas experiências pregressas. Não sabia definir bem a natureza de tais ligações com o passado longínquo, mas sabia se tratar de algo muito poderoso e profundo.

Uma noite, quando os dois velhinhos já estavam acomodados, Carlos e Karina sentaram-se no mesmo banco onde haviam trocado as primeiras palavras. Carlos segurava-lhe a mão, afagando-a com todo carinho. Olhavam-se nos olhos, e seus corações se aqueceram suavemente com a troca de energia mútua, advinda de um amor sereno e intenso que os envolvia.

– Carlos, por que nunca se casou? – perguntou Karina delicadamente.

– Nunca senti necessidade de formar um lar próprio. Os órfãos, os doentes, os velhos, que estão sob a proteção de nossas instituições, sempre me completaram neste sentido. Quanto ao amor de uma mulher, sempre soube no fundo de minha alma que uma em especial estaria em algum lugar à minha espera.

Devolvendo o amoroso olhar de Carlos, Karina disse:

– Permita-me, meu querido amigo, adotar a sua grande família como minha própria. Deixe que eu o ajude nas tarefas imensas junto às crianças em particular. Sempre adorei crianças, mas não as tive pessoalmente.

– Nada me faria mais feliz que tê-la para sempre ao meu lado, minha querida! Assim que seus pais melhorarem, partiremos todos para a capital e tornaremos este sonho realidade. Agora vamos nos recolher que já se faz tarde.

Carlos colocou a mão sobre o ombro de Karina, e, docemente enlaçados, foram para o interior da casa.

Dona Josefa não resistiu por muito tempo. Com a progressão fulminante da doença, não suportou mais do que quatro dias de sofrimento, desencarnando subitamente.

Apesar dos prenúncios infaustos, aquela família se resignava pacientemente ante os desígnios de Deus, pela fé que a sustentava.

Estranhamente ao que se supunha, o professor Lupércio, apesar de ter tido sempre uma saúde frágil e, portanto, concluir-se pela lógica, que seria ele o primeiro a sucumbir à fatal patologia, resistia bravamente.

A Providência Divina seguramente facultava àqueles três seres, tão ligados pelos laços do destino, a oportunidade de, nem que fosse por um breve período de tempo, aproximarem-se e desfrutarem da amostra de como seria bom poderem viver juntos outra vez, pelos laços indissolúveis do verdadeiro amor.

Carlos foi imediatamente envolvido pelo mesmo sentimento de afeto que Karina sentia de forma tão profunda por seu pai. Desvelava-se nos cuidados àquele homem de corpo alquebrado, mas de alma vigorosa e brilhante, que aceitava o carinho de Carlos como um presente especial que Deus lhe oferecia.

A primeira vez que Carlos colocou os olhos em Lupércio, sentiu uma forte emoção invadindo-lhe o peito.

Reconheceu, de imediato, um Espírito querido abrigado em uma matéria que, apenas agora, via pela primeira vez[23].

Passados alguns dias, comentou com Karina:

– É intrigante o sentimento que sinto por seu pai. É um carinho tão grande, que me comovo toda a vez que o toco, como se sempre eu tivesse tido a vontade de conhecê-lo.

– Sabe, Carlos, o mesmo se dá comigo. O amor que eu tenho por meu pai transcende o amor de filha. Às vezes, tenho vontade de lhe aconchegar como a um filho.

Ficaram ambos ainda por um tempo trocando ideias de como temos intensos sinais dos laços do passado.

Carlos estendeu sua estadia por dois meses, pois não conseguia pensar na possibilidade de se desvincular de Lupércio e Karina, que havia "conhecido" há tão pouco tempo, mas que de forma absoluta estavam implantados em seu coração e em sua alma, como

---

23 Lupércio é a encarnação atual de Lucius, o filho de Carlo e Bianca na passada vida, na Itália.

ninguém. Absorvia cada momento das longas conversações que mantinha com o professor Lupércio e com Karina, maravilhado com a sensação de bem-estar que aquele convívio proporcionava aos três. Via, a cada minuto que juntos passavam, crescer o amor e a admiração que se dedicavam. Pareciam ter o mesmo humor, a mesma fé, a mesma simpatia, tal a sintonia que desfrutavam e dali, intimamente, não queria sair jamais. Lutava contra o cansaço, contra o pessimismo, que o mau prognóstico da doença ocasionava, enchendo o velho professor dos mais delicados cuidados, querendo prolongar ao máximo a vida daquele ser já tão amado junto a ele.

A cada noite, Carlos fazia questão de que o velho homem doente, que abrigava o Espírito daquele que já fora seu filho Lucius e que não tivera a oportunidade de tê-lo verdadeiramente ainda, adormecesse pelas carícias que fazia nos seus cabelos brancos, cantando sempre uma canção de ninar, antes de ele cerrar seus olhos cansados.

O quadro de saúde do professor, já há muito debilitado, havia piorado muito. Naquela noite silenciosa, na qual só se podia ouvir o estridor dos grilos nos jardins bem cuidados daquela casinha, Lupércio respirava com muita dificuldade. Chamou, então, para perto de si, Karina e Carlos. Tomou as mãos de ambos e, com uma expressão profundamente comovedora, dirigiu-lhes a palavra:

– Meus queridos! – dizia o professor, com a voz entrecortada pela dificuldade respiratória, mas adquirindo uma lucidez atípica, após muitos dias de prostração profunda –, não temos ainda a capacidade de adentrar nos mistérios de nossas vidas passadas, mas, muitas vezes, não temos a necessidade de detalhes para sabermos o que o coração nos fala de maneira incontestável. Sei, sem sombra de dúvida, que nós agora somente nos **reencontramos**. Que ingenuidade imaginar que este amor que nutrimos uns pelos outros é obra do mero acaso, ou de uma mera simpatia mútua. Conhecemo-nos há dois meses e, no entanto, apesar de todas as dificuldades, o prazer que experimentamos juntos foi maior certamente do que o de muitas pessoas que desperdiçam uma vida inteira sem tocar a flor sagrada do amor. Compartilhamos, hoje, a doutrina formidável que nos revela o sol consolador que aquece a todas as almas, revelando-nos a Justiça de Nosso Pai, que nos ama profundamente e aguarda por nossa felicidade real, livres das temeridades da matéria. Nós não perecemos com a morte do corpo e isto me consola grandemente e a vocês também deve consolar. Por ora, não podemos desfrutar da companhia perene um do outro, mas, quero crer, ainda trabalharemos muito em favor de nosso próximo mais necessitado, angariando créditos para o resgate de nossas faltas pretéritas, para podermos um dia nos reencontrar e, desta nova vez, regozijar nossos Espíritos com a felicidade verdadeira de estarmos sempre juntos.

Carlos e Karina choravam abraçados a Lupércio, percebendo estar chegando talvez o momento extremo, não tardando ele em abandonar o corpo físico para alçar voo como Espírito liberto para a verdadeira vida.

Trocaram mais confidências de mútuo amor durante as próximas horas que invadiram aquela silenciosa madrugada.

Na manhã seguinte, apesar do tema de despedida abordado por Lupércio, Carlos e Karina estavam mais animados, devido à grande lucidez e aparente melhora em seu estado de saúde.

Karina guardava em seu peito uma alegria singela e pura com a presença de Carlos em sua casa, com quem agora dividia seus momentos. Detentora de uma beleza singular, nunca havia se interessado por homem algum. Sua vida havia-lhe absorvido de tal maneira, que nunca teve olhos para ninguém, apesar de já ter sido assediada por muitos que tiveram a oportunidade de lhe admirar as lindas feições.

Agora era diferente. Sabia ter encontrado o homem que preenchia todos os espaços vazios de seu coração solitário. Carlos não era bonito fisicamente; entretanto, reunia todos os outros quesitos da beleza mais bela: a grandeza de Espírito, a gentileza, a ternura com que a tratava, enfim, tudo nele lhe causava profunda admiração. Não tinha dúvidas, estava apaixonada por aquele homem; não a paixão fugaz que se consome rapidamente, contudo, a paixão serena e profunda de ter reencontrado o maior amor de sua vida imortal.

Neste ínterim, foi subitamente interrompida em seus idílios interiores por um mensageiro que trazia para Carlos uma carta urgente da capital, reclamando-lhe a presença prestemente. Ele não conseguiu disfarçar a tristeza que a necessidade de voltar à capital lhe provocava. Tinha inúmeros compromissos, não só pessoais, mas com muitos irmãos que dele dependiam para sobreviver. Já havia recebido repetidas correspondências, cobrando a sua presença junto aos negócios, que apresentavam queda de movimento acentuada, o que representava perigo à sustentação das obras de caridade, que consumiam vultosas quantias de dinheiro mensalmente.

Carlos não gostava nem de cogitar a ideia de deixar Karina e Lupércio naquele difícil momento; todavia, refletiu melhor e entendeu que os motivos que o chamavam à capital eram muito importantes para todas as pessoas e entidades assistenciais que sustentava. Assim, chamou Karina para lhe comunicar sua decisão:

– Querida Karina, quero que compreenda o que eu tenho para lhe dizer. Minha presença na capital é questão urgente, dela dependendo inúmeros irmãos sob minha responsabilidade. Tenho certeza de que posso resolver todas as pendências em pouquíssimo tempo. Talvez dois dias sejam suficientes. Tranquilizados que estamos momentaneamente pela súbita melhora do professor Lupércio, sinto-me mais calmo em deixá-la por um curtíssimo período a sós com ele, prometendo-lhe que nem mesmo levarei minha bagagem; retornarei imediatamente após a resolução desses problemas prementes.

Karina tinha o coração apertado diante da insegurança que a ideia da ausência de Carlos lhe causava, mas tinha consciência da nobreza de intenções que o levavam a partir para a capital, não podendo ser egoísta neste momento.

– Meu amigo! Quem somos nós para impedir-lhe tão elevados propósitos junto a tantos necessitados que esperam por você. Vá logo. Não tarde em socorrê-los! Aguardarei ansiosa o momento de nos reencontrarmos. Papai e eu permaneceremos orando por você.

Abraçaram-se fortemente.

Carlos deveria partir sem demora rumo à capital. Antes, porém, quis realizar dois desejos íntimos. Foi até o quarto e beijou delicadamente a fronte de Lupércio, que dormia naquele momento. Voltou então à sala, onde estava Karina, e tomou um exemplar de *O Evangelho Segundo o Espiritismo* nas mãos, escreveu nele primeiramente seu endereço e fez uma dedicatória à sua amada desde há tanto tempo:

Minha querida Karina,

Sei que nos reencontramos e esta dádiva é por demais maravilhosa para que a percamos outra vez.

Jesus é o caminho à nossa harmonia interior, único meio de merecermos a misericórdia de Deus.

Com profundo afeto,

Carlos.

Grafava trêmulo e fez o "s" final da palavra Carlos ficar borrado pela lágrima furtiva que derramou sobre aquela página inicial.

Passou a porta de entrada da pequena casa e acenou mais uma vez, dizendo:

– Deus os abençoe. Até breve, muito breve!

Diferentemente do que esperavam, a doença de Lupércio evoluiu de maneira desfavorável. Logo que Carlos deixou aquela casa, seu estado começou a piorar sensivelmente, sem que nada do que tentou fazer Karina desse resultado. Chamou o médico. Fazia compressas frias diuturnamente, mas tudo foi em vão. O tempo de Lupércio retornar à Pátria espiritual havia chegado, e ele cerrou seus olhos para este mundo após dois dias da partida de Carlos.

O choque emocional de Karina foi inevitável. Não esperava por aquele desfecho na ausência de Carlos. Sentiu-se muito só, abandonada no mundo. Sua ligação com seu pai era tão forte que, mesmo nutrindo a certeza da perenidade do Espírito após a morte, sentiu-se desorientada ante a dor da perda, que no seu subconsciente não queria sentir nunca mais, ante os traumas adquiridos em suas outras vidas. Sentia um só desejo agora: reencontrar Carlos rapidamente para poder chorar em seu ombro e pedir-lhe sustentação, já que somente ele poderia fazê-lo.

Assim que o corpo de Lupércio deitou-se ao lado do de Josefa, Karina saiu apressada no primeiro trem rumo à capital, somente com a roupa que vestia, o dinheiro e o Evangelho com que Carlos a tinha presenteado.

Chegou à grande capital após um dia de viagem. Era a primeira vez que saía de sua cidade natal. Saltou do trem, espantada com o movimento frenético das pessoas na estação central; subiu as escadarias à sua frente, caminhando a passos lentos, com o olhar dirigido para cima, estupefata com a dimensão dos edifícios que se desenhavam adiante.

Estava tão atônita diante das novidades da cidade grande e tão cansada da viagem, que demonstrava sua inocência de turista a quantos passassem por ela. Não tardou muito em aparecer um gatuno que, rapidamente, tomou-lhe a pequena sacola que continha todo o seu dinheiro, além do exemplar do *Evangelho* com o endereço de Carlos.

Karina, em mais um ímpeto de sua inocência, saiu atrás do larápio para tentar recuperar os seus pertences. Correu, correu, correu sem parar, até quando o seu fôlego permitiu. Quando se deu conta, tinha-se afastado muito da estação, completamente perdida naquela imensa cidade, sem saber a quem recorrer.

Era tão ingênua que achou que encontraria Carlos somente perguntando seu nome para algum transeunte. Mera ilusão. Karina caminhou o dia todo sem parar. Perguntava insistentemente a todos que cruzavam o seu caminho, mas todos balançavam a cabeça negativamente. Já ia alta a Lua quando tentou se hospedar em uma pensão que vira pelo caminho, mas foi recusada porque exigiam pagamento adiantado e não tinha dinheiro.

Fazia frio, e o tempo ameaçava chuva forte.

Karina caminhava só e sem rumo pelas calçadas frias daquele lugar desconhecido. Começou a chover intensamente, e ela ajudou a molhar as ruas por onde passava, com as lágrimas que escorriam por sua face.

Capítulo 3

O eterno benfeitor

A CAPITAL, UMA DAS MAIORES cidades brasileiras, era, já naquela época, muito agitada, na turbulência do progresso incessante e das novidades do mundo moderno. Havia, porém, não muito distante da metrópole ruidosa, um local sóbrio e belo, circundado por inúmeras árvores, que tinham suas copas frondosas invadindo as dependências internas da casa. Uma vegetação intensa pontilhava o jardim em torno da agradabilíssima propriedade, com cores e perfumes, durante todas as estações do ano. Nada era, porém, ostentoso. A única referência externa, além da natureza viva que ali fazia a festa de sua exuberância, era uma placa tosca, onde se podia ver entalhada a inscrição:

Recanto cristão

Seja bem-vindo.

Entre e descanse!

Ali morava Daniel e funcionava uma estação de auxílio a pobres e doentes, além de um orfanato, mantido por aquela casa. Logo na entrada, havia um amplo salão onde se realizavam as reuniões espíritas, muito concorridas na região.

Agnelo, agora chamado Daniel, tinha como sempre a sua inseparável companheira do Bem, Colette, acompanhando seus passos, porém, como Espírito desencarnado, numa inversão de tarefas acontecidas na distante Itália.

O grau de evolução que ambos haviam adquirido, no decorrer dos séculos, no trabalho da mais pura caridade, proporcionava a eles a oportunidade de manterem um contato perene. Agnelo, portanto, podia vê-la como se vê um Espírito encarnado, assim como, manter uma conversação normal, ouvindo-a com toda a naturalidade.

Haviam atingido a condição de seres *interexistentes* entre os mundos dos encarnados e dos desencarnados. Ali praticavam a extensão de seu amor que, por tratar-se de um amor puro, o mais poderoso elemento do Universo, não cabia somente no espaço ocupado por eles dois, mas era difundido entre toda a família universal.

Naquela noite, Carlos sentia muitas saudades de Karina e estava com o peito opresso, muito angustiado por algo em relação a ela que não podia explicar. Caminhava por entre o pequeno bosque que rodeava a casa, absorto em seus pensamentos, quando sentiu um leve toque em seu ombro. Era Daniel, que começou a acompanhar Carlos em sua caminhada, como sempre adivinhando quando um de seus tutelados estava em dificuldades.

– Carlos, meu querido filho. Sinto que seu coração está chorando, e você fica aí quieto sem dizer nada a ninguém. Confúcio disse uma vez, com grande sabedoria, que as cinco coisas que constituem a virtude perfeita são: a sobriedade, a magnanimidade, a honestidade, a sinceridade e a bondade, no que concordo plenamente.

Você é um aprendiz extraordinário e, certamente, alegra muito ao coração de Jesus por sua conduta cada vez mais bela. Sei que já é possuidor desta virtude perfeita, mas há um erro que você está cometendo por estar aplicando estas qualidades somente aos outros e não para si próprio. Você, há pouco tempo, reencontrou Karina, o grande afeto de suas vidas passadas, trazendo-lhe inauditas sensações ao coração. Chega a hora de você trazê-la para mais perto de si para partilharem da grata satisfação de trabalhar pela grande obra do Cristo. Sua preocupação com o próximo é absolutamente louvável e faz com que eu o admire cada vez mais. Entretanto, todos nós precisamos de um esteio especial que sirva como elemento de complementação aos nossos estímulos sagrados. Enfim, uma metade que se afine a cada uma de nossas esperanças e realize, junto a nós, as benfeitorias no grande jardim de Deus, que se estende por todo o Universo.

Neste ínterim, Karina se encontrava completamente perdida, sentada na sarjeta, com os pés repousando na enxurrada que passava volumosa, sem forças para continuar. Chorava baixinho e recordava, durante aqueles minutos em que se sentia tão só, sua existência inteira, desde o momento em que era uma criança feliz, nos braços de seu pai. Apesar disto, sentia o prenúncio de que uma fase nova de sua vida iria começar. Esta certeza intensificou-se cada vez mais, quando orou a Jesus, pedindo que Ele a ajudasse a encontrar o "seu amado Carlos".

Sabedor da situação que Karina passava naquele momento, Daniel, então, concluiu seu diálogo com Carlos:

– Pois bem, meu filho. O tempo urge, e Karina chama por você! – disse, fazendo uma pequena pausa e olhando para a frente, onde, aos olhos comuns, só existia uma roseira perfumada, mas ali, na verdade, estava Colette a lhe transmitir as últimas informações a respeito de Karina.

– Karina está perdida nesta cidade, na praça dos correios, sentada na sarjeta à direita da paineira mais alta.

– Oh, meu Deus! Karina deve estar desesperada! – exclamou Carlos, extremamente impressionado.

– Calma, meu filho. Karina está bem, só um pouco perturbada pelos difíceis momentos que passou. Ainda hoje, estará conosco e a salvo.

Carlos saiu rapidamente em busca de Karina, encontrando-a meia hora depois.

Quando Karina viu Carlos vindo ao seu encontro, pensou que estivesse sonhando com um anjo que chegava para salvá-la, mas tudo era realidade. Carlos a tomou nos braços e docemente lhe disse:

– Deus não se esquece de nenhum de Seus filhos, tampouco se esqueceria de você, minha querida.

Karina não conseguiu dizer nada, somente olhava para os olhos cor de mel de Carlos, sendo que o brilho de ambos os olhares revelavam alegria e gratidão à bondade de Nosso Pai.

De volta ao refúgio de Daniel, este os esperava, tendo já pedido para providenciar um banho quente e roupas secas a Karina. Somente Daniel podia ouvir Colette comentando com ele os fatos daquela noite:

– Meu amor, hoje recolhemos novamente esta filha do calvário, que há tanto tempo esperamos. Graças ao Mestre Divino creio terem eles encontrado o verdadeiro caminho da redenção de seus Espíritos.

Carlos trouxe, então, um prato de sopa quente que, embora Karina quisesse recusar a princípio, conseguiu convencê-la a tomar um pouco.

Carlos e Karina se entreolhavam profundamente. Havia dificuldade em iniciar um diálogo, mas o clima estava muito sereno, como se pairasse no ar a consoladora certeza de que Deus nunca mais permitiria a separação deles dois. Carlos, então, perguntou-lhe:

– Está mais calma agora, meu bem? Não há mais motivos para preocupações. Nada poderá nos distanciar outra vez – concluiu, segurando-lhe as mãos ainda um pouco frias.

– Obrigada. Você é o anjo bom que sempre me aparece na hora exata. Não sei como agradecer ao Nosso Pai pelas bênçãos que Ele graciosamente me proporciona.

– Não diga mais nada agora. Você precisa repousar. Já tem o seu quarto preparado, com uma cama quentinha a lhe esperar. Temos toda uma vida para conversar – disse, auxiliando-a a conduzir-se para os seus aposentos.

Karina passou todo o dia seguinte repousando das fortes emoções que havia experimentado, segundo as exigências de Carlos, ainda muito preocupado com o estado de saúde de sua amada.

À noite, estava marcada uma reunião doutrinária, tendo sido também Karina convidada a participar, o que aceitara com muita satisfação.

Capítulo 4

O recado

AQUELA NOITE PARECIA ter sido preparada especialmente para recepcionar festivamente o encontro daqueles dois Espíritos que se amavam, Carlos e Karina. O zimbório constelado de estrelas brilhava majestoso; o perfume delicioso das flores que circundavam a casa parecia mais doce; o vento se apaziguara, e uma suave música era tocada em uma harpa por Daniel, antes de os trabalhos daquela noite terem início.

Karina, Carlos e mais quatro trabalhadores daquela casa deram entrada ao salão principal que ostentava em sua porta a inscrição *"Sala Maria da Conceição"*.

A reunião não era pública naquela noite, pois havia o objetivo claro de orientar particularmente a alguém, o que deve ser feito sempre em caráter privativo. Contudo, de outra dimensão da vida, no mundo espiritual, repletavam a sala inúmeros aprendizes e colaboradores daquele grupo, todos intensamente interessados em adquirir um salutar aprendizado, pela palestra sempre brilhante de

Daniel, que, nesta noite, versaria especificamente sobre o casal Carlos e Karina, embora eles mesmos não soubessem deste propósito.

Carlos foi convidado para realizar a prece de abertura, o que fez de maneira belíssima, nunca tendo se sentido tão inspirado ao dirigir suas súplicas e agradecimentos a Deus. Logo em seguida, levantou-se Daniel, visivelmente transfigurado, na comunhão extraordinária que mantinha com Colette, o que permitia que falassem quase em uníssono:

"Meus queridos irmãos e amigos! Soa hoje um momento solene em que devemos render graças à magnanimidade de Nosso Pai. Desde tempos imemoriais, quando éramos simples e ignorantes, galgamos os degraus inumeráveis da escada da vida, rumo à verdadeira paz. Paz que significa o estado sublime quando o altar de nossas consciências estiver refletindo as águas límpidas da redenção, purificadas segundo o ressarcimento de nossos débitos para com aqueles a quem gravemente prejudicamos. Nosso egoísmo, típico de nossa pequenez evolutiva, faz com que recalcitremos em nossos enganos milenários, contrariando a chama divina que habita em cada filho do Criador. Porém, todos nós caminhamos para as moradas eternas, conduzidos e atraídos pela mão de Deus, através do determinismo divino das Leis que nos regem, respeitando, acima de tudo, o nosso livre-arbítrio para que tenhamos sempre o mérito sobre nossas próprias conquistas. Entretanto, a liberdade que nos é confiada pela Sabedoria do Alto é cobrada invariavelmente pelas nossas responsabilidades de uns para com os outros. Ninguém pode avançar em detrimento da queda de seu irmão. Muito ao contrário. Só verdadeiramente avançamos na escalada evolutiva quando oferecemos a mão ao nosso companheiro retardatário e estendemos o benefício do perdão a todos aqueles que investiram contra nós. O lema de Deus é sempre constante. Diz a Voz Divina: Ide para a Luz, para a Sabedoria, para a Beleza, para a Real Ventura! O desejo único de Nosso Pai Amantíssimo é o de que sejamos felizes, motivo pelo qual esparge Sua misericórdia perenemente sobre Seus filhos. Hoje, temos aqui um exemplo claro desta maravilhosa misericórdia. Permitiu, o Pai,

que dois seres, que desde há muito estavam destinados a construir para o Bem, mas que, por teimosia em insistirem em velhos erros, só se reencontrassem agora, para finalmente servirem à Grande Causa, sem novas interferências. Enorme é o nosso motivo de júbilo, mas muito maior é a nossa responsabilidade com o trabalho. A única forma que temos de agradecer à bondade do Pai é abraçando a charrua do trabalho, na aragem dos campos sem fim da caridade pura e desinteressada, como nos ensinou Nosso Divino Mestre. Tantos clamam por auxílio, tantos choram desesperançados, tantos não querem continuar, desejando desistir de suas preciosas vidas. Mas nós, Espíritos extremamente beneficiados pelas luzes esplendorosas do Evangelho, temos a rota segura em nossas mãos para atingir o iluminado fim a que nos propomos. Trabalhemos, amemos e oremos! Não deixemos de cultivar nossa inteligência e nosso coração nas mesmas proporções. Nossa vida é um fecundo cadinho, de onde devemos sair purificados para alçarmos voos mais altos".

Neste momento, Daniel fez uma pausa em sua preleção, que fluía em conjunção segura com esferas mais altas, e sorriu benevolente, dirigindo seu doce olhar para o casal, Carlos e Karina, que percebia agora ser ele o exemplo vivo do tema que se desenvolvia naquela noite feliz. Sentiam ambos uma emoção fortíssima, indescritível, pois era misto de alegria pelo reencontro e o reconhecimento da bondade de Deus. Carlos apertava a mão de Karina, que se sentava ao seu lado. Acreditavam não poder ouvir nada que os fizesse sentir maior emoção. Foi quando Daniel retomou a palavra, agora não em tom de palestra, mas com uma delicada e pausada voz, sorrindo suavemente, olhando profundamente o casal de protegidos que o ouvia com atenção:

– Minha querida Karina. Há um recado para você. Nossa Colette manda-lhe dizer que está muito feliz por vocês, como todos nós estamos. Mas há alguém em especial, que ainda não está totalmente restabelecido para vir pessoalmente até nós, porém lhe enviou uma pequena mensagem. Daniel, então, falou, realizando pequenas paradas para ouvir Colette e transmitir o que ouvia para Karina:

Papai Lupércio está muito bem e imensamente feliz pelo que hoje acontece. Lamenta não poder vê-los pessoalmente, o que poderá fazer muito em breve, e diz estar se juntando ao coro dos que louvam ao Senhor por Sua grandiosa misericórdia. Aguarda paciente, já que esperou por tanto tempo, para tê-los junto ao seu coração, abraçados para sempre.

E como se Lupércio, o Lucius de outrora, que agora via seus "pais" de então novamente reunidos, não quisesse deixar nenhuma sombra de dúvida sobre a veracidade do recado que enviava, solicitou a Colette, que era quem colhera carinhosamente esta mensagem, que declamasse um versinho que só Karina e ele conheciam. Foi, então, que Daniel repetiu o ditado de Colette:

Deus fez coisas muito belas

O Sol... a Lua... e a flor de maracujá

Mas... caprichou dentre todas elas

Quando fez a minha querida Kaká...

E Karina, chorando de alegria ante a prova incontestável de que seu pai estava vivo, respondeu soluçando:

Posso não ter muitas coisas

Mas tenho uma estrela de amor

Que me dá tudo o que eu preciso

No sorriso de meu papai-professor...

– Obrigada, meu Deus, muito obrigada!

Karina olhou nos belos olhos de Carlos que a fitavam com imensa ternura e lhe disse:

– Talvez seja a hora de eu refazer minha pequena trova, pois agora não é só uma, mas duas as estrelas de amor que iluminam minha vida. E osculou carinhosamente as mãos de seu bem-amado.

Não era preciso acrescentar mais nada à reunião daquela noite. Sem que os olhos comuns pudessem enxergar, inúmeras pétalas de luz perolada caíam do Alto, em resposta àqueles corações reconhecidos e dispostos ao trabalho na grande causa do Bem.

No dia seguinte, encontramos Carlos e Karina sentados em um dos bancos de madeira, dos muitos que havia espalhados pelos jardins da Casa de Daniel, em comovedora conversa:

– Querida Karina. Sinto que muito recebemos, talvez até precocemente estejamos recebendo, as dádivas de Nosso Pai, já que tanto fizemos por desmerecer Sua bondade. Mas agora nos reunimos de novo, e eu quero crer que isto será para sempre. Sei que muito devo a Deus e à minha consciência. Por isso, preciso aproveitar cada minuto de minha vida atual para tentar minimizar o sofrimento destas crianças das quais estou incumbido de orientar e cuidar nos três orfanatos que mantemos. Espero que a cada dia em que você me der a felicidade de abraçar esta causa junto a mim, eu possa lhe oferecer meu carinho sublimado em nossas tarefas da caridade e, certamente, Jesus em breve nos proporcionará o prêmio de nossa serenidade interior. Meu primeiro orfanato se chamará **Ka**rinho, o segundo **Ri**sonho e o terceiro **Na**scimento, para que eu me lembre a cada dia dos meios que tenho que usar para atingir o porto de nossa paz. Quero ter o seu *carinho*, para comemorar a cada dia o *nascimento* deste destino *risonho* para nós dois. Mas o **na** de Karina também pode significar **namorado**, o que, se depender de mim, eu quero ser eternamente seu.

Karina nada respondeu. Somente sorriu o sorriso que era a tradução mais fiel de um grande SIM a Carlos, seu companheiro perdido no transcurso de tantos séculos, mas agora completando seu liberto coração.

E assim se fez.

Transcorreram-se muitos anos, e os dois corações fundiram-se no intenso amor que sentiam um pelo outro, dedicando-se diuturnamente à causa da infância desamparada.

Epílogo

O ENTARDECER ENCHIA O CÉU de nuanças de verme-
lho e alaranjado, contrastando como os estratos tênues que compunham a abóbada celeste naquele dia que parecia, pela sua exuberância, adivinhar a necessidade de celebração de algo divino.

Karina e Carlos, juntos como sempre permaneceram, por
todos os dias, desde aquele em que este cavalheiro retirou-lhe os
pés da enxurrada de amargura, naquela noite chuvosa, para condu-
zirem-se ao reencontro de seus corações, percorriam as dependências daquele pouso de ajuda onde trabalhavam.

Agora, Karina trocara o viço de pêssego de sua face pelos
múltiplos sulcos e rugas, assim como Carlos, que já há muito co-
roado com a neve com que os anos lhe pintaram os cabelos, andava com dificuldade comum a um corpo alquebrado. Nada disso,
porém, diminuía o vigor no trabalho em favor dos doentes que lá
eram tratados e dos órfãozinhos que brincavam e corriam ruido-
samente sob a frondosa mangueira que enfeitava o pátio daquele
recanto abençoado pela mais pura caridade.

Nenhuma ruga, nenhuma dor física, nem o cansaço dos corpos, nem o peso dos anos, refletiam-se no sorriso puro, e os braços abertos eram oferecidos a todos que os procuravam, gritando "vovô, vovó," na disputa por aqueles ternos colos.

Em meio à algazarra, à mais sincera alegria, somente alcançada pelos que praticam o verdadeiro Bem, uma estranha força começou a tomar conta do ambiente que cercava o bonito par. Karina começou a caminhar vagarosamente para junto ao maracujazeiro florido próximo dali, como se não mais ouvisse nenhum ruído, somente obedecendo ao inexplicável poder que a conduziu para lá. Carlos, por sua vez, também se sentiu em estado de quase torpor, um torpor maravilhoso, que lhe invadiu todas as fibras e também o conduziu em direção à mesma encantadora trepadeira.

Lá chegando, Karina o esperava, dirigindo seu olhar fixamente para Carlos. O único som ambiente era o dos passarinhos, que faziam festa nos ramos entre os maracujás e a floração primaveril, como se não notassem a presença dos dois velhinhos que tão próximos dali estavam. Agora, uma emoção inenarrável começava a se intensificar em seus interiores, como se tudo em volta girasse, como em um grande salão de baile, e somente dois olhos existiam fitando outros dois olhos.

E como se a mágica que impregnava aquele lugar estivesse por reservar um desfecho ainda mais incrível do que o que já sentiam, as mãos enrugadas de Carlos procuraram e enlaçaram as mãos idosas de Karina e ali, com os olhos d'alma viram-se um ao outro, ela como Bianca, no esplendor de seus 15 anos, e ele como Carlo, na vivacidade de sua aparência de então. Acariciou suavemente seu rosto, como se tocasse o bem mais precioso de todo o mundo e lhe disse:

– Meu amor, há quanto tempo eu espero por ti!

Karina nada respondeu, somente permitindo que as lágrimas rolassem sobre sua face, mas retendo o sentimento mais sublime do Universo que dela se apoderou, dispensando a necessidade de articular qualquer sílaba.

Aproximaram-se um do outro e abraçaram-se demoradamente, sentindo um o pulsar do outro coração, que pareciam explodir de um júbilo indescritível. E uma música suave se fez; a mais bela música que jamais haviam ouvido e que tocava límpida e harmoniosa, somente para eles dois.

Daniel a tudo observava, de mãos dadas à sua inseparável Colette, em um recanto oculto aos olhos do casal em êxtase. E disse à sua bem-amada:

– Querida, agora eles também começam a desfrutar do nobre amor, o mesmo que nutro pela sua alma há tantos séculos, e que um dia preencherá a tudo e a todos. Rendamos graças ao Senhor da Vida, que sempre desejou isso para eles, assim como deseja para todos os Seus filhos. Agora, meu bem, poderei partir para junto de ti, na conquista de nossos novos rumos em louvor ao Nosso Senhor!

Seguindo para seus aposentos, deitou-se delicadamente em seu leito e, como se dormisse em seguida, ali deixou seu corpo material, com um sorriso aberto pela reconquista de seu ambiente de liberdade, abraçou Colette e alçaram voo, unidos, dois pontos de luz, até se misturarem ao firmamento, rumo ao Mais Alto.

FIM

No ano de 1963, **FRANCISCO CÂNDIDO XAVIER** ofereceu a um grupo de voluntários, o entusiasmo e a tarefa de fundarem um Anuário Espírita. Nascia, então, o Instituto de Difusão Espírita - IDE, cujo nome e sigla foram também sugeridos por ele.

A partir daí, muitos títulos foram sendo editados e o Instituto de Difusão Espírita, entidade assistencial, sem fins lucrativos, se mantém fiel à sua finalidade de divulgar a Doutrina Espírita através da IDE Editora, tendo como foco principal, as Obras Básicas da Codificação, sempre a preços populares, além dos seus mais de 300 títulos em português e espanhol, muitos psicografados por Chico Xavier

O Instituto de Difusão Espírita, conta, também, com outras frentes de trabalho, voltadas à assistência e promoção social, como o Albergue Noturno, evangelização, alfabetização, orientação para mães e gestantes, oficinas de enxovais para recém-nascidos, entrega de leite em pó, vestuário e cestas básicas, assistência médica, farmacêutica, odontológica, tudo gratuitamente.

Este e outros livros da **IDE Editora**, subsidiam a manutenção do baixíssimo preço das **Obras Básicas, de Allan Kardec**, mais notadamente, "**O Evangelho Segundo o Espiritismo**", edição econômica.

Conheça mais sobre a Doutrina Espírita
através das obras de **Allan Kardec**

www.ideeditora.com.br

OUTROS **AUTORES** ▶ ROMANCES

Além do Véu
Lourdes Carolina Gagete

Um Olhar ao Longe
Léa Caruso {Yvonne}

Clara não compreendia o porquê dos terríveis momentos pelos quais estava passando. Seus sentimentos tornavam-se confusos, e ela via todos os seus planos desmoronarem-se bem diante de seus olhos. O medo, a repulsa, a lembrança e a dor da violência sofrida, através das mãos de um homem descontrolado, tomaram lugar em seu coração, ao mesmo tempo em que sentia seu casamento ruir, sem que nada pudesse fazer. Seria o acaso o causador de tudo? Existiria propósito para os sofrimentos da vida? Por que existe o mal? Um livro que nos mostra que, na justiça, no amor e na misericórdia de Deus, nada acontece por acaso, sendo tudo parte de um aprendizado necessário para que Seus filhos possam encontrar o caminho para a própria evolução e para a tão desejada felicidade. E que, mesmo sem a profunda compreensão dos inevitáveis caminhos da vida, deve-se manter a fé no Criador, porque sempre haverá uma razão misericordiosa, mesmo que, ALÉM DO VÉU.

Século XIX.
Trieste e Varsóvia são os cenários, ora sombrios ora esperançosos, desta pungente história de amor.
De nobre e abastada família, o Conde Spínola e sua esposa Sophie que, há pouco tempo, vieram a perder, misteriosamente, a filha Antonia, afogada no lago da luxuosa casa de campo, sem saberem se fora suicídio ou assassinato, agora se viam diante de novo pesadelo: enfrentar a paixão de seu filho Lucrécio por uma simples dançarina cigana.
E não pouparam esforços para separá-los, pois, para eles, seria mais uma tragédia diante da sociedade.
Dois jovens apaixonados, um amor proibido, delineiam verdadeiros ensinamentos de vida, inspirando-lhes o caminho da esperança e da fé.

www.ideeditora.com.br

OUTROS **AUTORES** ▶ **ROMANCES**

Uma Declaração de Amor
Wilson Frungilo Jr.

Um Coração, Uma Esperança
Selma Braga {Mariah}

Tales e Nelly são os personagens.
Juntos, durante anos, protagonizaram uma vida de amor, cumplicidade e dedicação, na qual, de mãos dadas, venceram todas as dificuldades e viveram felizes. Mas a repentina morte de Nelly foi um forte abalo para Tales, criando um grande vazio em seu coração.
A imensa saudade da esposa teimava em arrefecer-lhe o ânimo e o entusiasmo pela vida, mas sustentado por enorme esperança, não aceitou que a morte os tivesse separado. O grande amor que os unia, com certeza, teria forças para derrotá-la.
E Tales atingiu o seu objetivo.
Apesar de Nelly estar agora na dimensão espiritual da vida, e ele, na dimensão da Terra, passaram a encontrar-se e a compartilharem momentos de muita alegria.
E este é o tema desta bela e emocionante história de amor, deixando-nos a certeza de que um grande sentimento nem mesmo a morte consegue apagar. Uma história que, por si só, já significa uma autêntica e terna declaração de amor.

PENÍNSULA ITÁLICA, SÉCULO XVII.

A história de muitas vidas. Uma bela e inocente jovem apaixonada é levada pela sedução de um homem ganancioso, capaz de cometer os maiores pecados para satisfazer seus desejos de fortuna e poder. A sublime construção de uma família sob o signo do amor e destinada a passar por muita angústia e sofrimentos. Provações, enigmas e a constante sombra de outros tempos. O desenrolar de uma surpreendente trama, tão incrível e profunda, a envolver o passado e o presente para o alinhamento de um futuro de esperança de dias melhores.

O resgate de uma família.

www.ideeditora.com.br

ideeditora.com.br

***

Acesse e cadastre-se para receber
informações sobre nossos lançamentos.

twitter.com/ideeditora
facebook.com/ide.editora
editorial@ideeditora.com.br

ide

IDE EDITORA É APENAS UM NOME FANTASIA UTILIZADO PELO INSTITUTO DE DIFUSÃO ESPÍRITA, ENTIDADE SEM FINS LUCRATIVOS, QUE PROMOVE EXTENSO PROGRAMA DE ASSISTÊNCIA SOCIAL, E QUE DETÉM OS DIREITOS AUTORAIS DESTA OBRA.